はじめての
おうちカフェ入門

自宅で楽しむこだわりコーヒー

岩崎泰三

マイナビ

本書を読む前に

この本では、著者である
コーヒージャーナリスト・岩崎泰三が推奨する
コーヒーに関する道具や
コーヒー豆、淹れ方を紹介しています。

▲おすすめのコーヒーとフードのマリアージュを提案。合わせるとさらにおいしくなるコーヒー豆の銘柄、淹れ方も紹介。

▲『岩崎泰三 -
Coffee Journalist Taizo Iwasaki -』
YouTube チャンネルと連動。
動画でご覧いただけるものにはリンクするQR を記載しています。

▲泰三流マイブレンドコーヒーの作り方、アレンジドリンクレシピを紹介。

注意
この本ではコーヒージャーナリスト・岩崎泰三が独自に推奨するコーヒーの淹れ方を提案し、コーヒー豆や道具、産地など、情報のセレクトも行っています。
本書の出版社は紹介している道具や淹れ方などで生じた一切の損傷、負傷、その他についての責任は負いかねます。

はじめに

岩崎泰三

コーヒーの魅力にとり憑かれて20年以上、様々な角度からこのミステリアスな世界の探索を続けてきました。書籍を読み漁り、世界各地の農園に出会い、また個性豊かな珈琲職人たちに出会う度に、一層深まる謎。この不思議な魅力の正体は、一体なんなのだろうか。結局、おいしさに絶対的正解などありません。おいしさのゴールは各々の信念や哲学、美学に根ざした生き方そのものであり、その無数のゴールは自由と多様性の名の下に認められるべきものなのでしょう。それはまるで、絵画であり、文学であり、そして私が幼少から親しんできた音楽そのもの。

本書では、そんな自由な楽しみ方の参考になるよう具体的な指針を示しつつ、できる限りそのレシピやスタイルが持つ性質が推察できるように努めていますが、それでも一元的な視点に偏ってしまうことがあるかもしれません。解釈に迷ったときは、なるべく違う視点から見てみましょう。いつも行かない喫茶店に入ったり、いつものコーヒーを違う器具で淹れてみたり、もしかしたら古い映画や普段聞かない音楽をかけてみても良いかもしれません。そこには、コーヒーだけでなく、美しく豊かで刺激と安らぎに満ち満ちたこの世界の素晴らしさへと繋がる扉があるかもしれません。

CONTENTS

▶『岩崎泰三-Coffee Journalist Taizo Iwasaki -』YouTubeチャンネルと連動。

CONTENTS

CONTENTS

CONTENTS

ススメ！

泰三流

これだけ守れば大丈夫！

ハッピーな珈琲ライフの

コーヒーは焙煎や挽き方、淹《い》れ方で味が変わる様々な顔を持った生き物です。だからその顔をよく観察し、香り、話しかける。豆とのコミュニケーションがとれるようになってくると、間違いなくおいしいコーヒーを淹れられるようになります。まずは難しいルールはナシ。コーヒー豆とお湯を用意したら、あれこれ考えず楽しく淹れましょう！

STEP1

いい豆を見極める

「おいしいコーヒーを飲みたい」そのためには、どんな豆を選ぶかが重要なポイントになります。コーヒー豆とのコミュニケーションから、いい豆を見極める力をつけよう！

STEP2

豆との対話を楽しもう

コーヒーをおいしく淹れるコツはあれこれ考えず、まずは楽しむこと。難しいルールはさておき、コーヒー豆とお湯を用意すればOK。さあ、淹れてみよう！

STEP3

コーヒーは化学で科学

コーヒーは生豆の状態ではほとんどおいしさはなく、焙煎や粉砕、抽出により引き起こされる様々な化学的反応で、香りが生まれ、風味が創られる。これぞまさしく化学で科学！

STEP1 いい豆を見極める

センターカット（真ん中の線）、色、大きさ、丸さ、表面の質感など、よく見るとコーヒーの顔はひと粒一粒違う。豆はすべてエチオピア・シダモ G1（右から、ウォッシュト浅煎り、ナチュラル浅煎り、ナチュラル深煎り）。

コーヒー豆との コミュニケーションから いい豆を見極める力をつける

「おいしいコーヒーを飲みたい」そのためには、どんな豆を選ぶかが重要なポイントになります。品種、精製、焙煎など基準は色々ありますが、私が必ず行うこと、それはコーヒー豆との対話です。コーヒーの顔をよく見て、香り、触って質感を感じる。抽出したときのイメージを膨らませつつ、まずはしっかりと豆の状態を観察しましょう。

形や大きさ、色の均一さなど、外観でもおおよその品質は測れるが、例外も多い。特に最先端のスペシャルティコーヒーには個性的な顔つきが増えてきた（P140 参照）。

左から、グリーンビーン、パーチメントコーヒー、カスカラ。カスカラは精製処理で分離した果皮と果肉を乾燥させたもの。スペイン語で皮や殻という意味。

コーヒーの粉とカスカラを混ぜて作るアレンジドリンク。ほんのりとした甘味とフルーティーな風味が特徴（P158 参照）。

ポリフェノールを豊富に含んだコーヒーチェリーにも注目

コーヒー豆と呼ばれているものはマメ科ではなく､「アカネ科コーヒーノキ」の種子です。コーヒーノキは時期になると白い花を咲かせ、その後コーヒーチェリーと呼ばれる果実を実らせます。コーヒー豆になるのは、この果実の中にある種、それがグリーンビーンです。種を取り出す際に、果皮と果肉、その中の硬い殻（パーチメント）を取り除きます。

その部分を乾燥させたものをカスカラ、またはギシルと言います。カスカラは紅茶やハーブティーのような風味があるため、コーヒーチェリーティーとも呼ばれています。また、近年ではカスカラの栄養素が認められ、スーパーフードとしても注目されています。

コーヒー豆に含まれる3大栄養成分

コーヒーはおいしいだけではなく、体や脳にも良い効果を発揮します。

◆ポリフェノール

抗酸化作用によって細胞の老化や劣化を抑制し、アンチエイジングも期待できる。また、がんや動脈硬化、糖尿病などの予防にも効果があると言われています。

◆カフェイン

脳が活性化し、集中力や思考力を高めます。利尿効果もあり、体内に溜まった老廃物を出す効果も期待できます。

◆トリゴネリン

グリーンビーンに多く含まれる成分。脳神経細胞の活性化に効果があると言われ、認知症を遠ざける効果が期待できると言われています。

「コーヒーの淹れ方にルールはない」。豆とのコミュニケーションがとれるようになってくると間違いなくおいしいコーヒーが淹れられるようになる！

STEP2

豆との対話を楽しもう

コーヒーを
おいしく淹れるコツ、
それはあれこれ考えず、
まずは楽しむこと！

「豆の挽きは細かすぎず、ペーパーはきちんと折り、ゆっくりと注ぐ」など、何かと制約が多く感じられるコーヒーの淹れ方。

おいしく淹れることが目標ではありますが、難しいルールはさておき、まずは楽しむことが一番です。コーヒー豆とお湯、道具を用意すればOK。

さあ、淹れてみましょう！

中挽きにしたお気に入りの豆をドリッパーへ入れる。おいしいコーヒーへの旅は、もう始まっている。

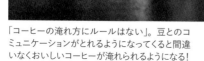

五感をフル動員して楽しく淹れよう！

最低限の道具を用意したら とにかくやってみよう

まずはお湯を注ぐ前に、ドリッパーの中に入った粉から立ち昇る魅惑的な〝フレグランス〟を存分に楽しみましょう。鼻を近づけたり、少し離したり。香りの第一印象を色々な角度から感じて、これからどんな味わいが現れるのかを想像しておきます。

コーヒーの顔を観察しながらお湯を入れる。

泡の大きさや色をよく見て、粉ひと粒ひと粒の気持ちを考える。

お湯を注ぐと、その温度と焙煎度によって膨らんだり凹んだり、様々な反応を見せてくれるはず。そして香りもさっきとは少し変化してきます。この香りはお湯が持つ熱によって揮発してくる〝アロマ〟の成分です。コーヒー豆からガスが出てきたら、その泡の色と大きさをじっくり観察。毎回少しずつ違うなら、それはまさにコーヒーが生きている証拠。うまくドームができたら、ゆっくり大きく膨らませ、粉面が平らになるまでじっくり待ってあげましょう。

まるで、深呼吸をするように！

そして、次第に薄くなっていく抽出液の色にも注目です。どの濃さまでがコーヒーなのか、線引きや決まりなんてありません。

好きなタイミングでドリッパーを外し、完成。口に含んだコーヒーから鼻の奥へ抜けていく香り。これを〝フレーバー〟と呼びます。

様々な香り、音、色、温度、そして味。五感をフル動員して楽しみましょう！

コーヒー豆は焙煎によって命を吹き込まれ、淹れることによりその命を全うする。コーヒーは化学で科学、そして生き物だ。

STEP3

コーヒーは化学で科学

コーヒーは焙煎、挽き方、淹れ方で変化。科学的反応で風味を引き出す

コーヒーのおいしさは豊かな香りと酸味、苦味やコクといったものが挙げられますが、それらは様々な成分が複雑に絡み合って作られているものです。コーヒーは生豆の状態ではほとんどおいしさはなく、焙煎による化学変化によって、風味が引き出されます。粉砕方法、抽出方法や時間の経過でも味が変化する、これも科学的反応です！

抽出方法はもちろんだが、淹れるカップによっても温度変化や、口の中での広がり方で、味の表情が変わる。お気に入りを持つのもいいが、その日の気分で選ぶのも楽しい。

自分好みの味を追求するための、泰三流コーヒーメソッド

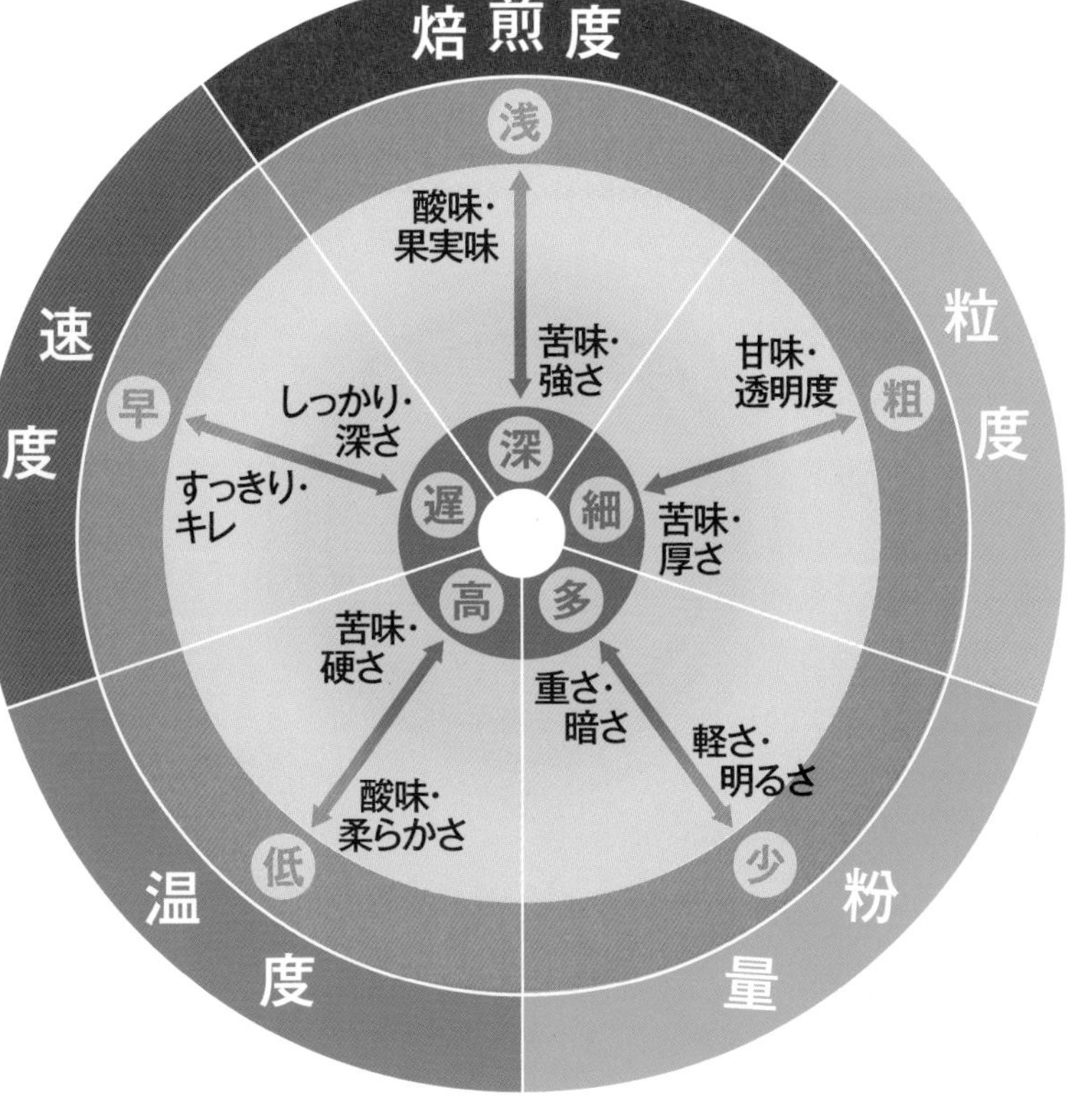

コーヒーのおいしさを決める上で中心となる要素、それは「香り（アロマ）」「香味（フレーバー）」「酸味（アシディティ）」「苦味（ビターネス）」「甘味（スイートネス）」「コク（ボディ）」です。その中で自分好みのバランスを見つけるには、精製方法や焙煎といった豆ができ上がるまでの条件と、カップに注がれるまでのプロセスが重要なポイント。上の図は、焙煎から抽出法まで、数多くのデータに基づいて作りました。これを参考に自分好みの味を探してみてください。

YouTube と連動しています！

「コーヒーを愛しすぎた男」

Coffee Journalist 岩崎泰三チャンネル

https://www.youtube.com/channel/
UCeINwQHFhHwXNZ4_nNBiIQg/featured

ハッピーな珈琲ライフのススメ！

コーヒー以外にも
いろいろな情報が満載！

コーヒーのすべてを楽しく、
詳しく紹介！

本でコーヒーについていろいろ学んだら…
YouTube をチェック！

多彩なゲストに加え、日本国内から世界の隅々までコーヒー巡業する
岩崎泰三ならではの、おもしろエピソードも必見。

本書では、ページに対応している動画のQRを掲載しています。

Part.1

ちょっとこだわりたいあなたへ 泰三流ドリップコーヒーをおいしくする 6つのヒント

いい豆を見極めて、楽しく淹れることができればコーヒーはおいしい。しかし、もっとおいしくするには、やってはいけない「NG行動」と、やった方がいい「OK行動」があります。ここではワンランクアップした、よりおいしいコーヒーを淹れるためのルールを紹介します。

やってはいけない
3つのNG行動
やった方がいい
3つのOK行動

NG

NG 1

◆細挽きすぎる

細かすぎるとペーパーが目詰まりし、ドリップに時間がかかるため、コーヒーの味の成分が出すぎてしまう。これを過抽出と呼ぶ。

NG 2

◆熱湯で淹れる

沸いてすぐのお湯は危険!沸騰したてのお湯でコーヒーを淹れると、苦味が強くて驚くほど乱暴なコーヒーに仕上がる。

NG 3

◆最後の一滴まで落とす

ドリッパー内の泡に付着した成分には、えぐみや雑味といったアクのような物質がある。これを落としてしまうとせっかくのコーヒーが濁ってしまう。

ハッピーな珈琲ライフのススメ！では、よりおいしくするために「やってはいけないこと」「やった方がいいこと」という、それぞれに3つずつの行動があります。どれも難しいことではなく、とにかく「コーヒーをよりおいしくするため」のこと。このルールさえ守れば、必ずもっとおいしいコーヒーを淹れることができます！

OK

OK 1

◆豆の量を量る

量ることによって、おいしくできたときの味を再現できる。逆に味が好みに合わなかった場合、その原因を追究することができる。

OK 2

◆挽いた豆の微粉を取り除く

雑味の原因となる微粉を取り除けば、コーヒーの味がクリアになって整う。さらにコーヒーの特徴をはっきりと出すことができる。

OK 3

◆道具を温める

淹れ終わったあと何度くらいで飲むのか、がもっとも重要なポイント。「飲み頃の温度」のためには道具を温めることも大切。

NG 1
細挽きすぎる

コーヒー豆の挽き方は大きく分けて「細挽き」「中挽き」「粗挽き」の3パターン。ペーパードリップにちょうどいいのは中挽き。細挽きはエスプレッソやトルココーヒーなどに使用。

雑味、えぐみが多く出て バランス良く抽出されない

「お気に入りのお店の豆を買ってきたのに再現できない、おいしくならない」とお悩みのあなた。それには必ず原因があります。まず、粒度は適切かどうかを確認してください。細挽きすぎてはいませんか？ ちょうどいい大きさはひと粒が1㎜程度、ゴマの半分くらいが目安です。

挽きが細かすぎるとお湯がなかなか落ちてこない。ペーパーフィルターに粉が目詰まりしている証拠。

雑味、えぐみが出る理由

コーヒーの味わいにはポジティブ・ネガティブな面があります。

細挽きすぎるとペーパーが目詰まりし、均等に抽出されません。ドリップにも時間がかかるため、過抽出となりコーヒーの味の成分が出すぎてしまいます。それが「雑味とえぐみ」を感じさせる原因となります。

1 お湯をゆっくり注ぎ、コーヒー粉を全体的に湿らす。コーヒー粉の量とお湯が同量になるイメージで。

2 最初の一滴が落ちるまでに時間がかかる。かなり遅いドリップになり、この時点でもうネガティブな世界へまっしぐら。

3 なかなか落ちない。じっくりじんわり雑味とえぐみを蓄えている感じ。

4 多めのお湯を注いでもスローペースなドリップが続く。コーヒー粉が膨らむというよりドロッとした見た目。

5 淹れ終わったもの。コーヒーがペーパーにねっとりこびりついた仕上がりで、味の成分が出すぎてしまった。

NG 2 熱湯で淹れる

熱いお湯を注ぐと一気にコーヒー粉が膨らみ、まるで成功したようにみえる。だが、見た目と味は必ずしも伴わない。

お湯の沸騰点は100℃。そこからすぐ細口ポットに移してもまだ95℃。適温まで待てない場合は常温の水を全体の1割程度加えると良い。

エッジが立って硬い口当たり苦すぎるコーヒーに

早く飲みたいがゆえ、グラグラ沸きたてのお湯をコーヒー粉に投入すると、苦味が強くて驚くほど乱暴なコーヒーができ上がります。沸いてすぐのお湯は危険！おいしいコーヒーを飲むために、注意しなければならないことのひとつがお湯の温度です。熱すぎはダメ、ぬるすぎもダメ、適温は80～93℃です（P41参照）。

雑味、苦味が出る理由

1回目の熱湯を注ぐとコーヒー豆が勢いよく膨らみます。2回目で泡がもこもこ出てくるので大成功！と思いがちですが、見た目と味は必ずしも伴いません。よく見ると泡が大きくて粗い。これがコーヒー豆から苦味と雑味を余計に引き出してしまう状態です。温度が高すぎると過剰に成分抽出を促してしまい、エッジが立った硬い口当たりのコーヒーになってしまいます。

1 コーヒー豆の中央部分に1回目のお湯を注ぐ。一気に膨らみ、大成功!?

2 調子に乗って2回目を注ぐ。まだ全体にふっくらしていておいしそうに見える。

3 徐々に表れてくる荒々しい顔。中央の泡が白く大きく粗くなって周りに広がってゆく。

4 泡が出て全体的に膨らんで、ガス放出が止まらない。

5 苦味を最大限に引き出した、これがまさに「温度高すぎの顔」。様々な成分が雑然となったカオスの世界。

NG 3 最後の一滴まで落とす

最後のお湯が落ちきる手前で素早くドリッパーを外すことが、おいしいコーヒーを淹れるためのコツ。

イガイガした濁りの成分とアクが混じった最後の一滴

コーヒーが濁ってしまう原因のひとつに、ドリッパーのコーヒーを最後まで落としきる、ということがあります。最高級のものや特殊な豆の場合は最後の一滴までおいしいこともありますが、たいていはそうではありません。イガイガした濁り成分が落ちきる前に、最後の一滴は外しましょう。

最後の一滴といわず、10滴ほど残して素早く外す方が安全。ぼーっとしているとすべて落としきってしまうので、特に仕上げのタイミングは集中！

最後の一滴で味が変わる理由

ドリッパー内の上部に浮かんだ泡には様々な成分が吸着されており、いわゆるアクのような雑味を含みます。これを落としてしまうと、せっかく香り高くおいしいコーヒーもイガイガしたものが口に残るようになってしまう。なので、最後の一滴は落としきらない方がベスト。どこで抽出を止めるのかが重要なポイントになります。最後のお湯を入れてから様子を見て、お湯が落ちきる手前で素早くドリッパーを外すことで、クリアなコーヒーになります。特に、深煎りコーヒーは要注意です！

抽出成分の変化イメージ

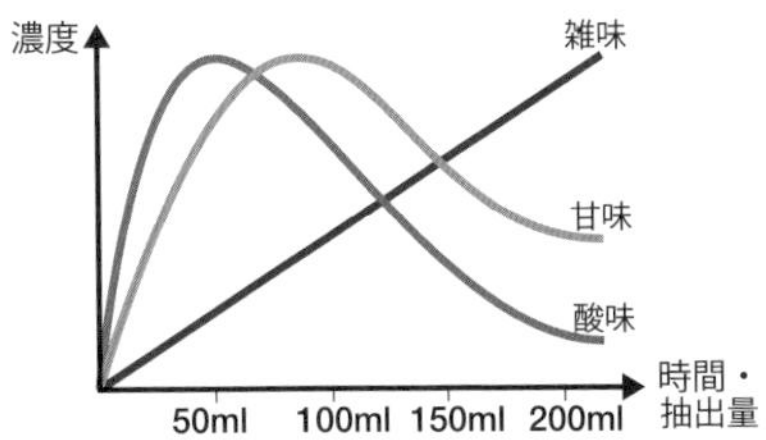

コーヒーの最初に溶け出る成分は酸味。最初の一滴目はすっぱく感じます。その後は甘味成分が溶け出し、時間が経つにつれて雑味や苦味、えぐみが出てきます。最後まで落としきらない方がよりクリアでおいしいコーヒーになります。

1 適度に膨らんだきめの細かい泡で、いまのところはおいしいコーヒーの予感!

2 外すためのカップを用意したものの、別のことに気を取られてしまった……。

3 うっかり最後まで落としきってしまった。

OK 1
分量を量る

浅煎りの豆は小さくて重く、深煎りの豆は大きくて軽い。
同量をメジャースプーンに入れて量ると違いがよくわかる。

深煎りは油脂分がにじんで艶があり、ふっくらと大きい。一見重そうに見えるが、水分も少なく重量は軽い。

豆を量ることによって実現するおいしくできたときの再現

「家でどうすればお店のようなおいしいコーヒーを淹れることができるのか」そう思ったことはありませんか？ 理想の味を実現させるためにまず行うこと、それは豆を量ることです。前提条件を決めることにより、おいしくできたときの味を再現しやすくなり、味が好みに合わなかった場合に原因を追究することができます。

ハゼ音と共に変わる コーヒー豆の重さ

焙煎によって豆の色や大きさが変わるのは一目でわかりますが、実は他にも大きな変化があります。それは豆ひと粒一粒の重量です。焙煎を始めるとまず乾燥により豆が縮み、表面に深いシワが出てきます。そのとき中心部に取り残されたわずかな水分がセンターカットを押し開き、パチパチと大きな音を立て一気に放出されます。これを1ハゼと呼びます。さらに加熱を続けると、今度は豆自体が膨らみ始め、シワが伸び表面に細かな亀裂が生じます。この時にピチピチと聞こえる甲高く小さめの音が2ハゼです。焙煎によって同じスプーン一杯分のコーヒー豆も状態が変わるのです（P40表参照）。

焙煎による重量の変化

◆浅煎り ライト〜ミディアムロースト

1ハゼが終了するくらいまでの焙煎度。焙煎した豆の中では比較的重いタイプ。煎りが浅いため、色は薄くて表面にシワがある。

◆中煎り ハイ〜シティロースト

豆が膨張し、シワが伸びて2ハゼが始まる頃に煎り止め。この段階で浅煎りより5%ほど軽くなり、ふっくらしてくる。

◆深煎り フルシティ〜フレンチロースト

2ハゼをさらに進めた状態。表面のクラックから油分がにじんで艶があり、重量は軽くなるが豆は大きく膨らむ。

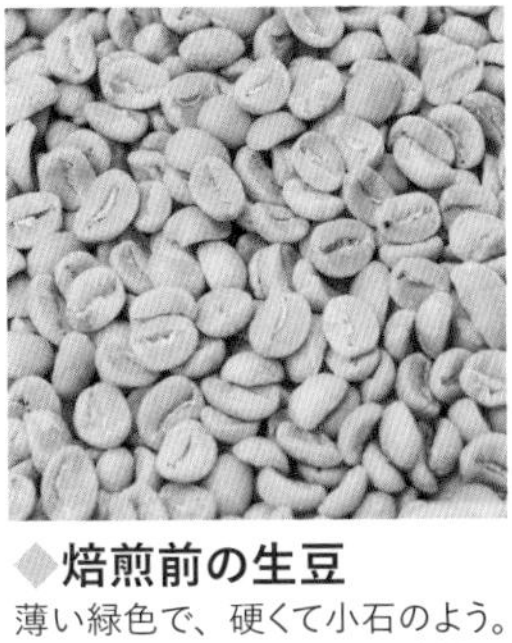

◆焙煎前の生豆

薄い緑色で、硬くて小石のよう。近年は精製・発酵技術の多様化により色や香りにも強く個性が出るようになった。

OK 2

微粉を取り除く

中挽きにしたコーヒーの微粉をふるい落とす。写真のような紅茶を入れるポットなども利用できる。

挽いたときに見える白っぽいものはチャフといい、コーヒー豆のセンターカットに付いている薄皮。コーヒーの抽出を邪魔するので、風で飛ばして取り除くのもおいしく淹れるためのひと手間。

ひと手間かけて、雑味の原因を取り除く

おいしいコーヒーの条件のひとつに、「メッシュ（コーヒー豆の粒度）が揃っていること」があります。高級で精密なミルを使えば当然クリアできることですが、家ではなかなかそうもいきません。ならば雑味や過抽出の原因となる微粉だけでも取り除けば、コーヒーの味がクリアになって整い、本来のおいしさを出すことができます。

クリアな味わいで持ち味が引き立つ

手動、電動問わず、どんなミルでも粉砕時に微粉が発生します。この微粉は、雑味や苦味を強く出してしまうだけでなく、ペーパーフィルターの目詰まりを起こし抽出時間を長引かせることでコーヒー液を濁らせてしまう原因になります。

微粉を取り除く作業をパウダーコントロールと呼び、専用の器具もありますが家庭にある茶こしでも行えます。微粉を取り除き粒度を揃えることで、コーヒーの味わいはワンランクアップします。

◆茶こしでOK!

目が粗すぎず細かすぎずの茶こしがあれば、微粉を落とす容器は空き缶でもなんでも良い。こだわりたい人には専用の微粉取り器がおすすめ。

容器に茶こし、挽いたコーヒーを入れてフタをし、よくふるう。

10～20秒ふるうと微粉が出る。その後も何度か様子を見ながらふるう。完璧に粒度が揃わなくても大丈夫。

微粉を退治する!この微粉がペーパーを目詰まりさせコーヒーから雑味を出す。

OK 3
道具を温める

淹れ始める前にカップを温める。肉厚で重厚なカップやドリッパーの方が、より高めの温度を保つことができる。

道具を温めることで、最後まで飲み頃の温度でおいしくコーヒーを飲むことができる。ほんのひと手間が楽しみを持続させてくれる。

ベストの味わいを持続させるための大切なポイント

コーヒーを淹れるときのお湯の温度についてはのちに詳しくお話ししますが、ここではまず「飲み頃の温度」について。味わいを感じる舌の味覚センサーは、温度によって感度が大きく異なります。キリッとした苦味が魅力なら熱々で、マイルドな甘さならほどほどでというように、それぞれのコーヒーが持つベストの味わいを持続させるために、道具を温めておくのです。

飲み頃の温度を保つ

お湯を入れた鍋やバットなどにコーヒーカップを浸けて、常に温めている喫茶店もたまに見かけますが、自宅でそこまでするのは無理。ならばコーヒーを淹れ始める前に、まずはドリッパーとサーバー、カップに沸騰したお湯を注ぎ入れて温めておきます。ドリッパーとサーバーが温まったらそのお湯を細口ポットに移してからペーパーを敷き、適温でコーヒーを淹れていきます。淹れ終わった頃にはカップも温まり、飲み頃の温度を保つことができます。肉厚な陶器は高温を維持しやすく、樹脂製のドリッパーや薄手のカップはあえて温度を気にしたくない場合に適しています。

サーバーにドリッパーをセットしてから湯を注ぐ。陶器製のドリッパーは保温しながらコーヒーを淹れるという目的のもとに造られている。

高めの温度ですっきり楽しむなら、コーヒーカップは肉厚の陶器製をチョイス。陶器自体にしっかり熱を持たせて、温度を保つことができる。

サーバーに溜まったお湯を細口ポットに移す。ちょうどいい温度ならそのまま、少し冷めているようなら熱いお湯を足して調節する。

◆飲み頃の温度を保つ方法

コーヒーの飲み頃の温度は一般的に60～70℃。70℃以上では苦味が強調され、温度が下がるにつれて酸味を強く感じます。ベストな温度はもちろんその時の豆や気分により変わりますが、適温をキープするためには淹れながらサーバーの下をウォーマーで温めるという方法もあります。

おいしい ドリップバッグの淹れ方

世界共通で普及している、ドリップバッグというスタイル。インスタントのような手軽さと、ドリップコーヒーの味と香りを両立していて、「本物のコーヒーが今すぐ飲みたい」そんなわがままをかなえてくれます。ここではドリップバッグをよりおいしくする淹れ方を紹介します。

ドリップバッグ攻略法! 3つのポイント

ポイント❶ コーヒーの粉を均等にする
粉が固まっていたり、片寄っているから

ポイント❷ 熱めのお湯で淹れる
ドリップバッグは挽いてから時間が経っているから

ポイント❸ 浸け込み時間はなるべく短く
最後の一滴と同じく雑味が出てしまうから

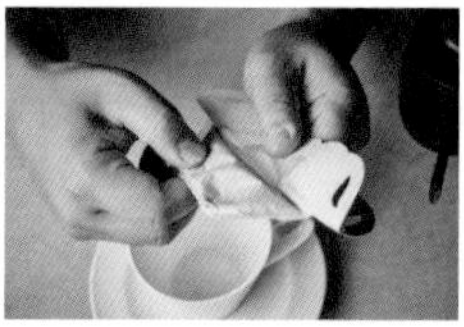

1 コーヒーの粉をほぐす
粉が端に集まり、固まっている場合があるので、まずは袋の上から軽く揉むようにほぐしてあげる。

2 スプーンで混ぜる
ドリップバッグを開けて、まだ粉が偏った状態なら、スプーンで軽く混ぜて均等にする。

3 熱めのお湯で淹れる
フィルターにかからないように中央からゆっくりとお湯を注ぐ。90 度以上のお湯を使う。

4 30 秒待つ
全体が湿ったら、そのまま 30 秒間待ち、抽出のスタンバイ。

5 お湯を注ぐ
ドリップバッグの 70%までお湯を注ぎ、水面の高さをキープする。

6 早く外す
コーヒーの粉がお湯に浸かる状態では味が出すぎて雑味が混じるので、なるべく早く外す。

ドリップバッグは通常 7 ～ 9g と粉の量が少ないため、小さめのカップならいいがマグカップなどでは足りない。そこで泰三流スペシャルカスタムバージョンは 2 つ開けてひとつにまとめて淹れます。もし濃かったらお湯で薄めて2杯分にするという飲み方もすっきり楽しめるのでおすすめです。

Part.2

もっとこだわりたい人のための基本のハンドドリップレッスン

ハンドドリップはおうちコーヒーデビューに最適ですが、様々な器具や使い方があり、まず何を揃えればいいのかわからない。ここでは、コーヒー豆や道具の選び方からプロ直伝のテクニックまで、自分好みのこだわりコーヒーを淹れるための方法をくわしく紹介します。それでは、いってみましょう！

LESSON 1

泰三 はじめてでもおいしくできるおすすめのコーヒー豆

こだわりのハンドドリップでは、自分で淹れたコーヒーのおいしさに感動したいですよね。だからこそ、コーヒー豆選びは重要です。ミルを持っていない方は粉で購入するしかありませんが、その場合、購入後すぐ、その場で挽いてくれるお店がおすすめです。また、わかりやすくアドバイスをしてくれるお店を探してみるのもいいかもしれません。ここでは自分の味の好みがまだわからない初心者でもおいしく淹れることができる、おうちカフェにおすすめしたいコーヒー豆を紹介します。

ロングセラーの大人気コーヒー豆

カルディコーヒーファームの創業時から、人気ナンバー１のブレンドコーヒー。ブラジル豆本来のやさしい甘さを引き出し、柔らかな口当たりと持続する甘さのバランスがとれた味わい。ブラックはもちろん、クリーム&シュガーを入れた飲み方も人気のコーヒー。
マイルドカルディ/200g
株式会社キャメル珈琲

生豆を銘柄で選んで好みに焙煎してくれる

インドネシアやグアテマラ、イエメン産の豆（アラビカ種）を使用したブレンドで、モカ特有の香りにキレのある酸味とまろやかな甘味、強めのボディ感と苦味が特徴。生豆で購入し、8 段階の焙煎度合と 18 段階（豆のままを含む）の挽き方を指定することができる。
港横濱ブレンド /200g（生豆時）
株式会社フレッシュロースター珈琲問屋

様々な風味が優しく広がる定番ブレンド

きれいな酸味にマイルドなコクや甘味が主張しすぎることなくまとまった安心感のある味わい。使用しているコーヒーは年間を通して少しずつ変化。キャラクターを見極めながらベストなバランスを見つけてブレンドする、ロースターのワザが光るコーヒー。
#3 MILD & HARMONIOUS/200g
株式会社堀口珈琲

絶妙なバランスで配合、飽きのこないブレンド

「すべての人に愛されるブレンド」「1日に何杯でも飲めるコーヒー」を目指し開発された王道ブレンド。コーヒーの魅力であるフルーティーな酸味、マイルドなアロマ、ほど良い苦味とコク、そして爽やかな後味。厳選された良質なコーヒー豆をバランスよく配合し、満足感と飲みやすさを両立させるべく作られたブレンド。
#05 THE BEST BLEND/100g
R.O.STAR（株式会社ノンピ）

スペシャルティコーヒー100%のブレンド

創業当初から、長年愛され続ける定番の深煎りブレンドは、時代に合わせて少しずつ味わいを進化。華やかな香りとチョコレート感、すっきりとした後味が特徴。豆の香りを含んだ油分も味わえるフレンチプレスでの抽出を推奨。時期により旬のコーヒー豆をブレンドした深煎りタイプ。
丸山珈琲のブレンド /200g
株式会社丸山珈琲

彩りあふれる香りをギュッと濃縮

酸味、苦味、コク、甘味、そしてほのかな渋味。すべての味わいの成分が渾然一体となったまるでブレンドコーヒーのようなシングルオリジンを中深煎りで仕上げたバランス系コーヒー。焙煎後に発生する香りを逃さず、鮮度と熟成にこだわる独自開発パッケージを使用。
Guatemala GCF / 100g
NOUDO（株式会社 COURO）

どんなシーンにもピッタリなコーヒー

「1 日にコーヒーを何杯も飲む人が、毎日飲んでも飽きることがないコーヒー」をコンセプトに誕生。苦味と甘味を合わせ持つブラジル産の豆と柔らかい酸味のコロンビア産の豆がベース。軽めですっきりとした飲み口と華やかな香りを感じるブレンドコーヒー。
成城石井ブレンド（豆）/500 g
株式会社成城石井

LESSON 2

コーヒーミル 挽き方と取り扱い方

ミルは大きく分けると電動と手動。それぞれのクセを見抜いて使う

コーヒーミルには電動と手動があります。一度にたくさんのコーヒーを淹れたい場合は、スイッチを押すだけで粒度も安定しやすい電動を。1杯のコーヒーを丁寧に淹れるなら手に伝わるガリガリした振動が気持ちいい手動がおすすめ。事前に粒度を設定して使用しますが、刃の形状にも様々な種類があり、それぞれに特徴があります。まずは持っているミルのクセ（粒度や均等さ）を知り、自分好みの挽きを楽しみましょう。

メンテナンスに使用する刷毛

ミルを購入時に一緒に揃えると良い２本。
柔らかい馬毛と硬めの豚毛を使い分ける。

電動の場合

電源さえあればOK。コーヒー豆を入れてスイッチを押すだけと簡単便利。粒度も安定している。2杯以上淹れるときにおすすめ。

1 目盛りを合わせる

出したい味わいに応じて粒度を決める。ミルによって目盛りや番号は様々。

2 豆を入れる

挽きたい量のコーヒー豆をホッパーに入れる。(硬い豆の場合はスイッチを入れてから豆を投入)。

3 スイッチを入れる

粉を受け止めるカップを置き、スイッチを入れると希望の粒度に挽かれた粉が出てくる。

手動の場合

コーヒー豆を入れて、ハンドルを手で回して使用。回す速度を一定に保つとより粒度が揃う。手に伝わる感触が気持ちいい。

1 セットする

コーヒー豆を用意し、挽きたい粒度に目盛りをセット。

2 豆を入れる

挽きたい量のコーヒー豆をミルの上部に入れる。

3 挽く

ハンドルを回してコーヒー豆を挽く。手応えがなくなったら完成。

メンテナンスは味を安定させる重要な作業

ミルは刃が命。いつもおいしいコーヒーを飲むためにはメンテナンスが必須です。特に深煎りは油分が多いので、こまめな掃除をおすすめ。深煎り以外でも3か月に1度はメンテナンスすることを心がけましょう。

手動ミル

1 まずはミルを分解

部品をなくさないように分解し、粉をはらう。

2 細かい汚れを落とす

手動に多いコニカル刃は、円すい形でかなり鋭いため手を切らないように注意。

電動ミル

1 まずはミルを分解

ほとんどがシンプルな作りなので、部品さえなくさなければ大丈夫。

2 粉をはらう

最初は毛足の長い、柔らかめの刷毛で粉をはらう。

3 細かい粉をはらう

次にこびりついている細かい粉や油分を毛足の短い硬めの刷毛で掃除する。

※必ずコンセントを抜いて行いましょう。

LESSON

3

ドリップのセッティング

ペーパードリップをするために必要な道具
左手前から、ペーパーフィルター、コーヒー豆、ミル、お気に入りのコーヒーカップ。
左手奥から、ドリッパー置きカップ、サーバー&ドリッパー、細口ポット。

おいしいコーヒーを淹れるために揃えておきたいもの

　おうちで淹れるコーヒーは、ハンドドリップが主流です。ハンドドリップにはペーパーやネルなど、様々な種類がありますが、初心者におすすめはペーパードリップ。ドリッパーにペーパーフィルターをセットし、お湯を注いでコーヒーを抽出するスタイルです。ペーパーフィルターがコーヒーの雑味や油分を吸収し、クリアな味に仕上がります。まずは、ペーパードリップをするための道具とコーヒー豆、お湯を用意しましょう。

硬水

硬水を代表するコントレックスは、硬度（1L あたり）1,468mg と極めて高い。フランスのヴォージュ県コントレクセヴィルで採れる湧水。

軟水

南アルプスの水は硬度（1L あたり）約30mg。ミネラル分が少なくさらりとして口当たりが良いのが軟水の特徴。コーヒー本来の味を強く引き出すことができる。

コーヒーと水のおいしい関係

コーヒーは98%が水できています。だから水はコーヒーをおいしくするための重要なアイテム。水はミネラル分が多い「硬水」とミネラル分が少ない「軟水」に分かれます。ハンドドリップの場合は軟水を使用すると風味が豊かでまろやか。エスプレッソなどで苦味が強すぎるコーヒーにはあえて硬水を使用する場合があります。また、アルカリ性の水はコーヒーの酸味を柔らげ、成分抽出を促進する効果があるため、マイルドに仕上がります。水道水を使用する場合はカルキを取り除くために、浄水器を通すか、一度沸騰させてから使うと良いでしょう。

使用する水のPH値とコーヒーの味わい

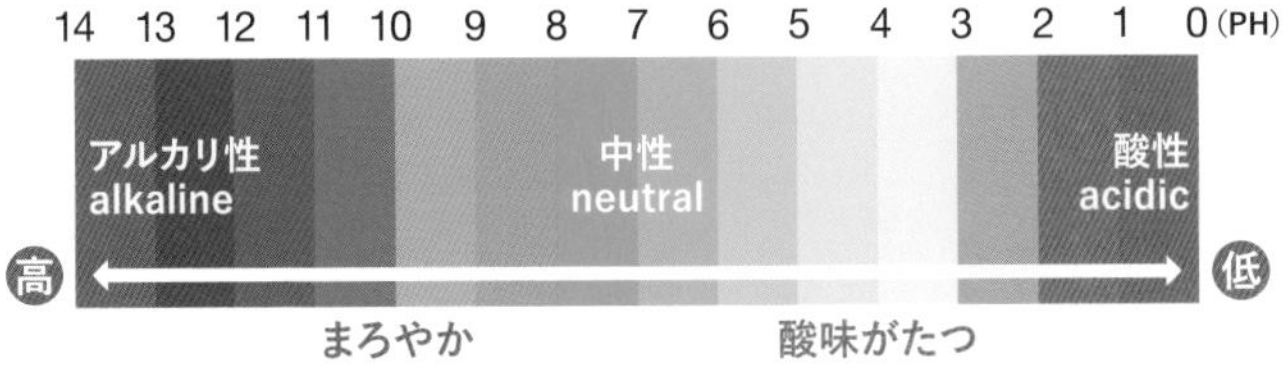

LESSON 4

コーヒー豆の分量とお湯のベストな温度

焙煎度によって違う豆の重さ
メーカーで違うスプーンのサイズ

OK行動1（P26参照）でもお話ししましたが、コーヒー豆の重さは焙煎度で変わります。その都度計量して淹れるのがベストではありますが、少々面倒くさい。そんなときに便利なアイテムがメジャースプーン。1人分の目安は1杯なのですが、実はメーカーによって容量が違います。その理由は、メーカーごとに「おいしい」と考える分量が違うからです。なので、あらかじめお持ちのスプーン1杯で何グラムかをチェックしておきましょう。

スプーンを量る
まずは使用しているメジャースプーンのみの重さを量る。

深煎りを量る
スプーンをのせたまま目盛りを0にしてコーヒー豆を入れる。深煎りは膨らんで大きく見えるが、実はかなり軽め。

浅煎りを量る
浅煎りは粒が小さく重め。同じ銘柄でもスプーン1杯で最大4gも違う。スプーンに入るコーヒー豆の量はメーカーごとに違う。

メーカー	スプーン	浅煎り	深煎り
ハリオ	12g	16g	12g
コーノ	12g	14g	10g
カリタ	5g	12g	9g
メリタ	6g	9g	7g

同一生豆の焙煎違いを使用し、およそ摺り切りにて計測。
小数点以下は四捨五入。

温度の目安

グラグラとお湯が躍る。この時点で火を止めて室温の細口ポットに移すと、淹れるときにちょうどいい温度になる。

沸騰マックス！ 100℃はさすがに熱すぎなので、水道水の場合は一度沸騰させる。ポットに移してしばらく放置するか、水を加えて調節する。

底の方から小さい泡が出始める。

小さかった泡が少し大きくなり、数が増えてくる。

大き目の泡が出てお湯が揺れ始める。

おいしくする温度の見極め方

コーヒー抽出に適しているお湯の温度は80～93℃。熱すぎは雑味やえぐみの原因になりNGですが、ぬるすぎても酸味が出すぎたり風味を引き出すことができず、おいしいコーヒーになりません。ミネラルウォーターの場合は沸騰手前で止め、水道水は沸騰させてから冷まします。お湯を沸かしたやかんから細口ポットに移し、温度計で計るのがベスト。温度計がない場合の目安は、沸騰したら火からおろして1～2分ほど放置し、細口ポットに移します。この時点でだいたい85～90℃くらいの適温になります。

LESSON 5

ペーパーフィルターとコーヒー粉のセット

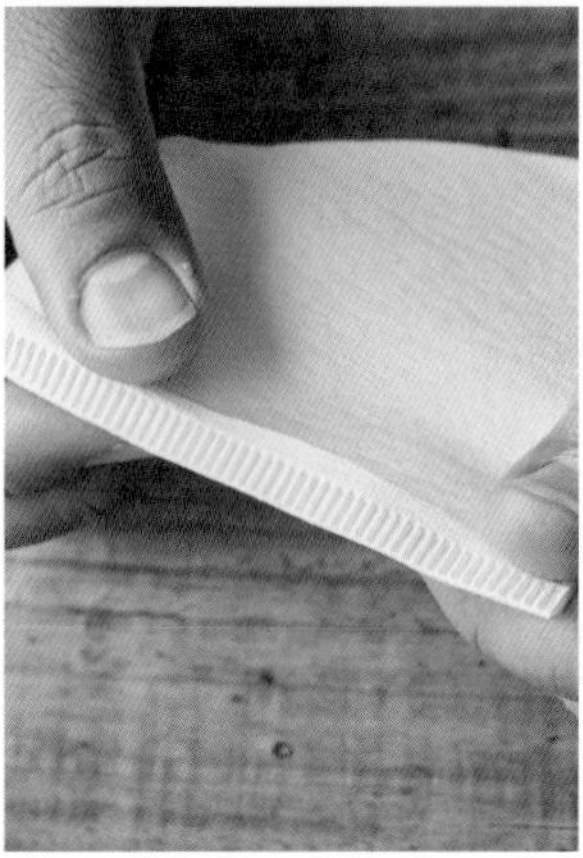

1 **折る**
ドリッパーの形に合わせてしっかり折る。

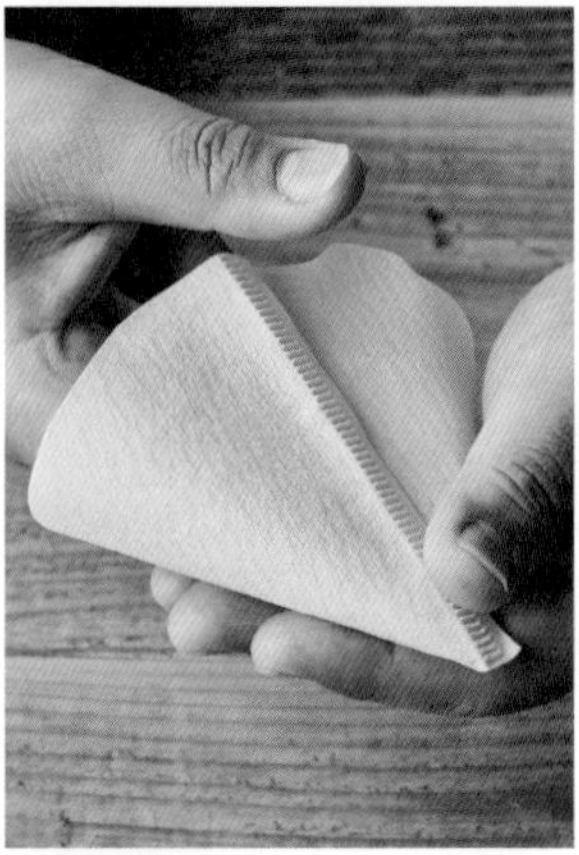

2 **開く**
折口はしっかり閉じたまま、指を入れて開く。

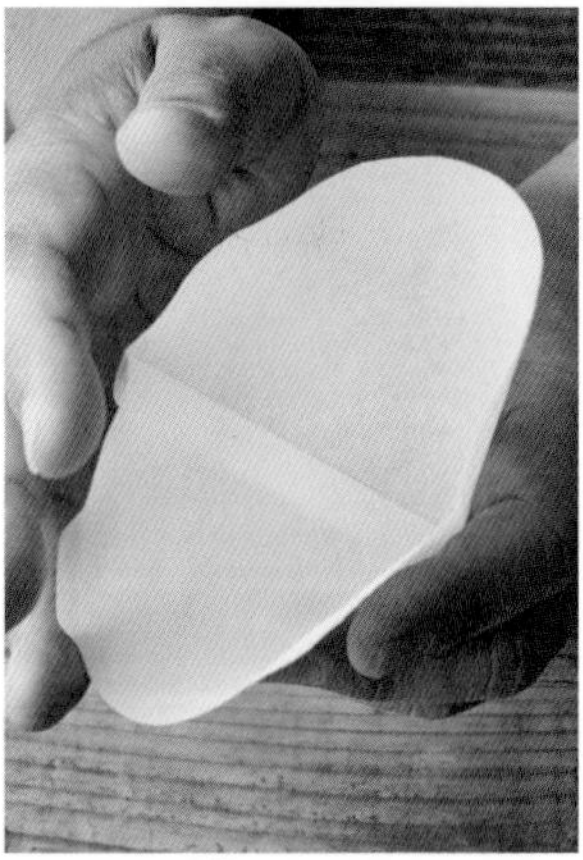

3 **形を作る**
90度方向に軽く折り目を付けても良い。

4 **セットする**
全面がフィットしていればOK。

いよいよハンドドリップスタート
まずは道具をセッティングする

ドリッパーやサーバー、ペーパーフィルターは、メーカーによって形状が違うので、同じメーカーの純正品を揃えるのがベスト。その理由はメーカーごとに「おいしい」という基準が違うからです。また、使用する器具に合った淹れ方をすることで、よりコーヒーの持ち味を引き出すことができます。まずはドリッパーの形に合わせてペーパーフィルターをしっかりと折り、フィットさせます。さあ、これで準備OK！

豆を挽き、ドリッパー内で平らにならす

1
豆を入れる
コーヒー豆を、計量してミルの中へ入れる。

2
挽く
手動のミルは、ハンドルを回して豆を挽く。この手応えが気持ちいい。

3
コーヒー粉を入れる
挽いたコーヒー粉をフィルターに入れる。中挽きはひと粒が 1mm くらいの大きさ。

4
平らにならす
粉面が低い方の横を軽くトントンたたく。やりすぎに注意!

5
準備 OK!
お湯も適温になったら、次はいよいよ抽出です!

ミルを使ってコーヒー豆を挽きます。挽き方は、大きく分けると粗挽き、中挽き、細挽きの3種類。ハンドドリップに適しているのは中挽き。手挽きの場合は最初ガリガリ、やがてスーッとなる手応えが気持ちいい。このひと手間がコーヒーをぐっとおいしくします。豆を挽いたらフィルターに入れ、ドリッパーを軽くトントンたたき、平らにならします。このとき、やりすぎると粒の大きさで層に分かれてしまうので注意します。

LESSON

6

基本のドリップ

1 中央に落とす

コーヒー粉の中央めがけてお湯を落とす。狙ったところにお湯を注ぐには、細口ポットが便利。ない場合は急須でもOK。

2 ポタポタ落とす

粉全体が湿める程度、ゆっくりポタポタとお湯を落とす。豆が新鮮だと大きく膨らむ可能性があるので、ドームが崩れないようなるべく慎重に。

3 ファーストドリップ

20 ～ 30 秒すると、ゆっくりポタポタとコーヒーが落ちてくる。ドリッパー内に粉とお湯がおよそ同量入った状態。

4 2回目のお湯を注ぐ

ファーストドリップが落ちて膨らみが止まったら、ドームを崩さないように再びゆっくりとお湯を注ぐ。香りを楽しみながらコーヒーの顔をしっかり観察。

ガスが出て膨らむ瞬間 コーヒーが生きている証拠

ハンドドリップには様々な方法がありますが、ここでは中～深煎りの豆を用いて、淹れ方の基本となる中間的なアプローチを紹介します。コーヒー豆は深煎りで新鮮なほど大きく膨らむ可能性があるので、ドームを崩さないように真ん中から全体にお湯を浸み込ませていきます。「蒸らし」といわれるガス抜きタイムは20～30秒。泡の色と膨らみ加減でお湯を注ぐスピードを調節します。まずは基本をマスターして、自分好みの淹れ方を見つけましょう。

5 ドームが膨らむ

粉が膨らみガスが出る。コーヒー粉が「ドームが崩れそうです、もう限界!」と言ったらお湯をストップ。

6 3回目のお湯を注ぐ

膨らんだドームからコーヒーが落ち粉面が水平になったら、すぐに次のお湯を注ぐ。なるべくドームの容量を意識する。

7 抽出液が途切れないように注ぐ

深呼吸をするように繰り返しお湯を注ぐ。抽出が遅くなりすぎると渋み、えぐみが出るので注意。

8 定量で落とし終える

サーバーの目盛りを見て、予定していた量まで落としたら完成。メーカーごとにサーバーに書いてある目盛りも異なるが、仕上がり量はカップ1杯 130ml が目安。

最後の一滴を外す

NG行動でもお話しした、雑味やえぐみを含んだ最後の一滴を外します。こうすることでコーヒーのポジティブな部分だけをすっきりと楽しむことができます。

底の方が濃い場合があるので、サーバーに落としたコーヒーを軽く振って混ぜる。

もうすぐ抽出が終わる、というタイミングでドリッパーを外す。実験で最後の数滴だけを分けて飲んでみるのも面白い。

味のタイプ別、コーヒーの淹れ方

すっきり味

コーヒーも淹れ方によっては、ワインと同じようにライトからフルボディまで味の幅を出すことができます。ここでは比較的ライトですっきりした味に淹れる方法を紹介。リブ*が長く、穴が大きいドリッパーがおすすめです。

＊ドリッパーにある溝のこと

浅煎りがおすすめ
エチオピアのウォッシュト、浅煎り中挽きを使用。すっきり爽やかな味に仕上がる。

1 **お湯を注ぐ**
コーヒー粉全体を一気に湿らせる。このときコーヒー粉の量よりも少し多めのお湯を注ぐ。

2 **1分間放置**
お湯を一気に注いだ後は1分間放置する。十分に炭酸ガスを抜いてあげる。

3 **一気に攻める**
ドリッパー容量一杯まで、勢いよくお湯を注ぐ。ドームは気にせず強気で攻めましょう。

4 **たっぷり注ぐ**
半分くらいまで粉面が下がったら再び一番上まで注ぐ。紅茶の茶葉をジャンピングさせるようなイメージで。

5 **最後の一滴を外す**
コーヒーが定量まで入ったら、最後の一滴を入れないよう早めにサーバーから外す。

コーヒーは黒色だけじゃない 赤くて透き通ったものもある

焙煎の仕方、淹れ方によって香りや風味、色までも様々に変化するコーヒー。基本のハンドドリップは比較的ゆったりと落としますが、「すっきり味」に仕上げる場合は、まず全体を一撃で湿らせ、その後も勢いよくお湯を注ぎ高速で淹れていきます。クリアですっきりとしたティーライクな仕上がりで、色も透き通った赤色に。じっくり淹れた、苦味の強いストロングなコーヒーが苦手な人にはおすすめの淹れ方です。せっかくなので、ワイングラスに入れてコーヒーの色や温度変化も楽しみましょう。

6 ワイングラスに注ぐ
サーバーに落としたコーヒーを少し冷ましてから、ワイングラスにそっと注ぎ入れる。※特に薄手のグラスは、事前に温めてから注ぎましょう。

7 透き通る赤色
これがコーヒー?と思えるほどクリアで明るい赤色。フルーティーな香りが漂う。

8 メシアガーレ
口に運ぶまでコーヒーだとわからないほど、限りなくワインに近い見た目。常温近くでチーズと一緒に味わいたい。

味のタイプ別、コーヒーの淹れ方

しっかり味

昔ながらの喫茶店のイメージはしっかりした味。苦味が効いていてコクがあり、後口にほんのりとした酸味が残る。ここではオーソドックスなしっかり味のコーヒーを再現。リブが短く、ゆっくり落とせるドリッパーがおすすめです。

深煎りがおすすめ
グアテマラの深煎り粗挽きを使用。しっかり苦味の効いた味に仕上がる。

1 点滴する
コーヒー粉の中央めがけてゆっくりポタポタとお湯を落とす。粉の膨らみに注目。

2 ゆっくり広げる
お湯をポタポタ落としながら、ゆっくりドームを広げる。膨らみが止まるまで20〜30秒放置する。

3 濃厚なコーヒーが滴る
濃厚でとろみのあるコーヒーがポタリと落ちてくる。これが味作りの元になる原液だ。

4 2回目のお湯を注ぐ
ドームの膨らみに合わせ静かに湯を注ぎ、サーバーの底が見えなくなるまでじっくりと濃厚な原液を抽出する。

5 少しドリッパーを動かす
ドリッパーをポットと反対の手で持ち、小さく左右に動かしながら点滴し、少しずつ抽出スピードを上げる。

イメージ通りの黒色
オヤジのハートを掴んだコーヒー

古き良き喫茶店では、濃くて苦味の強いコーヒーを飲みながらタバコをふかすオヤジたちがたむろしていました。そんな時代に、濃厚で香り高いコーヒーが中心だった喫茶店文化に根付いていたのがネルドリップです。多くの人は、濃い目のコーヒーにミルクとシュガーを入れ、自分好みの味を作っていたものです。ネルドリップは紙ではなく布をフィルターとして淹れるコーヒー。油分が多く抽出され、深煎り、粗挽き、低温の独特なレシピと組み合わせることで、まったりと柔らかく甘い口当たりに。そんな味を、ペーパードリップで再現しました。

6 泡が出る
膨らんだドームの中央に白っぽい泡が出てくる。もうすぐ終了の合図。

7 最後の一滴を外す
コーヒーが規定の位置まで入ったら、サーバーを外す。半分の量しか抽出しないデミタスもおすすめ。

8 メシアガーレ
まるで喫茶店の味。目を覚ましたい、気分を変えたい、なんてときにおすすめのしっかり味のでき上がり。

抽出器具別
おいしいコーヒーの淹れ方

抽出器具には多くの種類がありますが、それぞれが異なる歴史と文化の背景を持っており使い方も特徴も異なります。日本の家庭でもっとも普及しているのは何と言ってもハンドドリップ。ドリッパーにはリブと呼ばれる溝や抽出する穴など様々な仕掛けがあり、メーカーによって形状は様々。ここではおうちコーヒーにおすすめの器具を紹介し、その魅力を最大限に生かす淹れ方を紹介します。

メリタ

ドリッパー　AF-M 1 × 2
ペーパー　アロマジック
ナチュラルホワイト
おすすめ豆　コロンビア
シティロースト

長い時間をかけて進化した形状。

湯量の
目盛りが付いている
1杯、2杯の線の高さまで湯を注げば良い。

穴は1つ
少し高い位置にあるため、最後の液体が落ちない。

1 **ペーパーを準備**
純正ペーパーにもいくつかの種類があるので試してみよう。

2 **ペーパーを折る**
ペーパー側面の圧着部分をしっかりと折る。

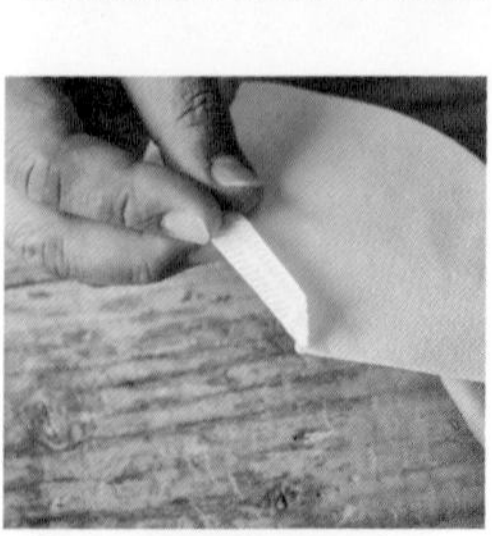

3 **反対側に折る**
底面にある圧着部分を側面とは反対側に折る。

メリタ夫人の情熱が生んだ ペーパードリップ式の原点

「愛する夫にもっとおいしいコーヒーを飲ませてあげたい」そんな思いから作られたペーパードリップ式は、ドイツのメリタ・ベンツ夫人が世界で最初に発明した抽出方法です。蒸らした後、抽出したい量のお湯を一気に注いで待つだけ。１００年にわたる研究の結果たどり着いた独自の１つ穴で抽出することにより、コクがありすっきりとした味わいに仕上がります。メリタはペーパーフィルターの開発にも熱心。アロマジックフィルターにはアロマホールと呼ばれる微細な穴が開いており、コーヒーオイルや香り成分をスムーズに通します。また、注いだお湯が底部で一旦溜まる構造も、しっかり蒸らしができ、より深いアロマを引き出す役目を持っています。

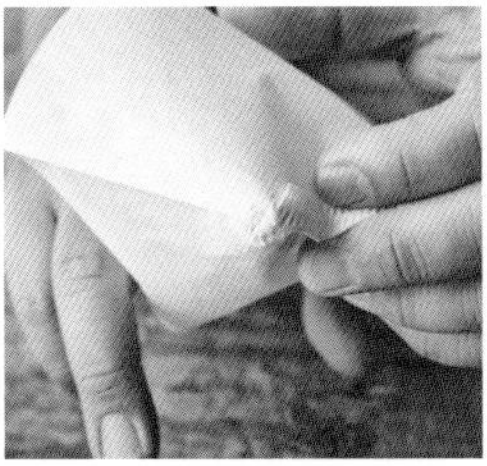

4 **ペーパーを広げる**
底面の左右の角を軽くつぶして形を整える。

5 **セットする**
ドリッパーにペーパーをセットし、コーヒー粉を入れて平らにならす。

6 **1回目のお湯**
お湯を中央から粉全体が湿る程度に注ぐ。

7 **蒸らす**
膨らみが収まる（ガスが抜ける）まで30秒ほど待つ。

8 **2回目のお湯**
中央めがけてお湯を注ぎ、ドリッパー上部まで一気に注ぐ。

9 **膨らむ**
お湯を注ぎ続けるとたくさんの泡が出てくる。手を止めずに注ぎ続けよう。

10 **目盛りを見る**
ドリッパーの２の線までお湯が入ったら注ぐのを止める。

11 **ドリップ終了**
穴が少し高い位置にあるので最後の一滴まで落としても大丈夫。

12 **カップに注ぐ**
ドリッパーを外したらサーバー内のコーヒーを少し攪拌して、カップに注ぐ。

抽出器具別
おいしいコーヒーの淹れ方

カリタ

ドリッパー　102-D
ペーパー　珈琲屋さんのコーヒーフィルター
おすすめ豆　ブラジル　フレンチロースト

リブ
底からまっすぐに伸びた長いリブが速い抽出を助ける。

3つ穴
穴の数が多いので抽出の速度が安定しやすい。

1 **ペーパーを準備**
もっとも手に入れやすい一般的な台形ペーパー。

2 **底面を先に折る**
台形の底にある圧着部分をしっかりと折る。

3 **側面を折る**
側面は反対側に折り、底部の形を安定させる。

定番の3つ穴ドリッパーがマイルドな味わいを実現

3つ穴構造のドリッパーと専用のペーパーフィルターで抽出する「カリタ式」。メリタの1つ穴にくらべて抽出スピードが上げやすく、注ぐ回数や速度によって味のバリエーションも広がります。ペーパーの入れ方によって3つの穴から均等に流れない現象も起こりやすいので、その点には注意が必要です。ドリップをするときによく聞く、お湯で「の」の字を描くオーソドックスな方法は、カリタによって普及したとも言われています。長く入ったリブが素早い抽出を助けつつ、ドリッパー内で粉とお湯がしっかり触れ合うことで、奥行きがありマイルドなコーヒーに仕上がります。

4 **1回目のお湯**
コーヒーを平らにならし、中央から円を描くようにお湯を注ぐ。

5 **蒸らす**
まんべんなく膨らむ（ガスが抜ける）まで20～30秒待つ。

6 **2回目のお湯**
膨らみが収まってきたら2回目のお湯を中央にゆっくり注ぐ。

7 **3回目のお湯**
真ん中が平らになってきたら、先ほどより少し勢いよく、のの字を描くようにお湯を注ぐ。

8 **ドームを広げる**
深い層からドームを広げるようにギリギリまでお湯を注いでコーヒー粉を開いていく。

9 **ストップ**
ドームが崩壊寸前までできたらお湯を止めてコーヒーが落ちるのを待つ。

10 **ドリップ終了**
大きく深呼吸したコーヒー粉は均等にペーパーに付き、茶色い泡が残る。

11 **カップに注ぐ**
最後の一滴を外したらサーバーを少し攪拌してカップに注ぐ。

抽出器具別
おいしいコーヒーの淹れ方

ハリオ

ドリッパー　V60 透過ドリッパー 01 クリア
ペーパー　60 ペーパーフィルター円すい形
おすすめ豆　エチオピア・ウォッシュト　ミディアムロースト

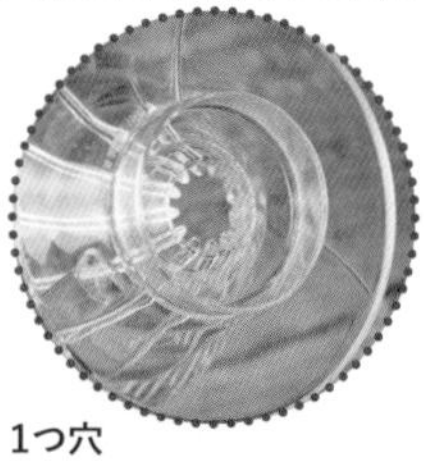

1つ穴
注がれたお湯がドリッパーからの制限を受けることなく抽出できる。

スパイラルリブ
リブが高い位置まであることで、ペーパーとドリッパーの密着を防ぎ、スピーディーな抽出を可能に。

1 ペーパーを準備
純正ペーパーには白と未漂白があり、味わいもわずかに異なる。

2 折る場所は1ヶ所のみ
円すいドリッパー専用の独自形状。

3 ペーパーを折る
側面の圧着部分を、曲がらないようにしっかりと折り込む。

世界を席巻した高速抽出ドリッパー

「スピードを上げスムーズにコーヒーを抽出することができる」として、スペシャルティコーヒーシーンから絶大な支持を得たハリオV60。その秘密は上部まで伸びた長いリブと大きな1つ穴。スパイラルリブと呼ばれる渦巻き状のリブは、ペーパーとドリッパーの密着を防ぎ、コーヒーが発する炭酸ガスを短時間で外に逃がします。ドリッパーの容量を最大限に使うことで効率よくコーヒーのフレーバーを抽出することができるので、新鮮な焙煎豆を使ったすっきり味にはベストのドリッパーです。今回ご紹介するのは、かなりスピードを上げながらも透明感の中に個性を表現する最先端のドリップレシピです。

4 セットする
ペーパーをセットし、コーヒー粉を入れて平らにならす。スプーンを用意する。

5 1回目のお湯
コーヒー粉全体が浸かるほどのお湯を一気に注ぐ。

6 混ぜる
ペーパー上部にコーヒー粉が付着しないように気を付けながらスプーンで混ぜる。

7 2回目のお湯
1回目のお湯から1分ほどで2回目のお湯を注ぐ。

8 粉面を上げる
ドリッパーがいっぱいになるまで一気にお湯を注ぐ。

9 ギリギリまで注ぐ
あふれないよう気を付けてギリギリまでお湯を注ぐ。

10 注ぎ続ける
必要な杯数分までお湯を注ぎ続ける。

11 ドリップ終了
高速で淹れたのでコーヒー粉は一番上のふちと下に溜まった状態。

12 カップに注ぐ
最後の一滴を外したらサーバーを少し攪拌してカップに注ぐ。

抽出器具別
おいしいコーヒーの淹れ方

コーノ

ドリッパー　MDK-21 名門フィルター2人用
ペーパー　MD-25 円すいペーパー2人用ホワイト
おすすめ豆　エチオピア・ナチュラル　ハイロースト

1つ穴
底には大きな1つ穴がある透過式。ネルドリップに近い味を出す。

短いリブ
粉の量やお湯の注ぎ方によって抽出の速度を調節できるようになっている。

1 **ペーパーを準備**
標準ペーパーのほかにコットンペーパーなど数種類ある。

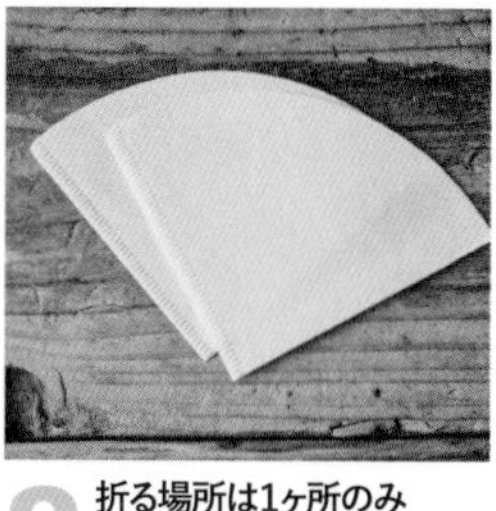

2 **折る場所は1ヶ所のみ**
円すいフィルター専用の独自形状。

3 **ペーパーを折る**
コーノは密着が命。しっかりと折り目を付けよう。

職人向け元祖円すいフィルターは淹れ方ごとに多様な味を生み出す

「淹れる人が味をコントロールできる」ことが最大の魅力。ネルドリップの味わいをペーパーで再現することを目指しプロ向けの器具として開発されました。そのため、ゆっくりと濃厚なコーヒーを作るという基本の点滴ドリップが似合うのが、コーノの名門フィルター。ただし、そのポテンシャルは奥が深く、抽出方法によって様々な味わいを表現することができます。溝のないドリッパー上部にペーパーを密着させ、下部だけに入った短いリブに抽出液を集めることで強いボディが生まれます。また側面からガスや液体が逃げづらいため、粉面を高く持ち上げドリッパー内部を広く効率的に使うこともでき、初心者でもおいしさを追求できます。

4 セットする
ドリッパーの内側にペーパーをセットし、コーヒー粉を入れて平らにならす。

5 1回目のお湯
最初はポタポタとゆっくり落とす。全体にお湯がいきわたる程度の量を入れる。

6 お湯が浸透し膨らむ
コーヒー粉が、上に膨らんでくる（ガスが抜ける）までしっかり粉面を見る。

7 ファーストドリップ
30秒ほどで濃厚なコーヒーが数滴落ちてくる。

8 2回目以降のお湯
最初の数滴が落ちたら、何度かに分けて注ぎ少しずつお湯の量を増やしてゆく。

9 ゆっくり落とす
コーヒーが細い線のような状態で、ゆっくりツーッと落ちてくる。

10 液面を高く持ち上げる
上部までお湯を注いでも、ペーパー密着により雑味が逃げない。

11 ドリップ終了
後半にスピードを上げたのでコーヒー粉のほとんどが下に集まっている。

12 カップに注ぐ
ドリップが終わる寸前、最後の一滴を外したら攪拌してカップに注ぐ。

抽出器具別
おいしいコーヒーの淹れ方

クレバー

ドリッパー　クレバーコーヒードリッパー L サイズ
ペーパー　サイズの合う市販品
おすすめ豆　キューバ　ハイロースト

平らな場所に置いておくとシリコンの弁は閉じたままの状態なので、お湯を入れても落ちない。

クレバーをサーバーにのせると、底部に付いたシリコンの弁が開いてコーヒーが落ちる。

1 **ペーパーを準備する**
純正品はないので一般的なペーパーで OK。

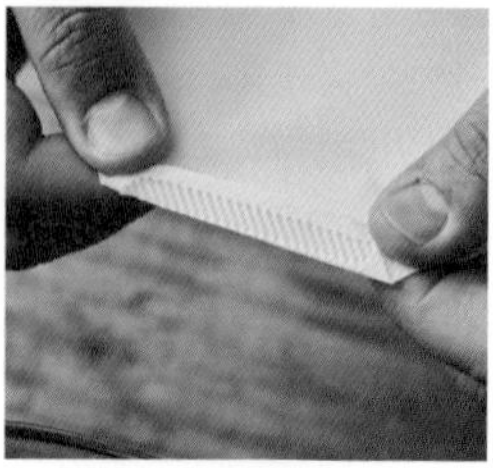

2 **ペーパーを折る**
台形の底にあるシール部分を折る。

3 **反対側に折る**
側面にあるシール部分を底側とは反対側に折る。

4 **セッティング**
ペーパーをセットし、コーヒー粉を入れて平らにならす。

味のすべてを引き出す浸漬法*
台湾生まれのドリッパー

まさにサードウェーブ時代を象徴するクレバーは、フレンチプレスとサイフォン、そしてペーパードリップのいいところを取って合体させたようなハイブリッド器具。スペシャルティコーヒーの王道の楽しみ方（カッピング）を簡単に再現することができます。お湯を注いでからサーバーやカップにのせるまではコーヒーが注がれないシャットオフ機能。コーヒー粉をお湯に浸け込むことで、アロマを十分に引き出すことができます。浅煎りコーヒーを高い温度のお湯（93℃程度）で淹れ、すべての味を引き出します。ぜひ高品質のスペシャルティコーヒー豆で淹れてみましょう。

5 スタート
ドリッパーをテーブルの上に置いたまま、熱め（93℃程度）のお湯を注ぐ。

6 一気に注ぐ
ドリッパーいっぱいになるまでお湯を注ぐ。必ず平らな場所に置くこと。

7 混ぜる
すぐにコーヒー粉を沈めるようにスプーンを使って軽く混ぜる。

8 浸漬する
付属の蓋をして、タイマーをセットする。

9 4分待つ
4分が経過し、抽出完了。

10 のせる
サーバーの上にのせると、シリコンの弁が開き、コーヒーが出てくる。

11 落ちる
ドリッパー内に溜めていたコーヒー液が勢いよく落ちる。

12 ドリップ終了
あえて最後の一滴まで落としても OK。

13 グラスに注ぐ
カッピングの味わいを家で簡単に楽しむことができる。

*コーヒーの粉をお湯に浸し、一定の時間経過後に粉と液体を分離させる方法（P.69 参照）。

抽出器具別
おいしいコーヒーの淹れ方

フレンチプレス

使用器具　ボタム　フレンチプレスコーヒーメーカー
（CHAMBORD）
おすすめ豆　コスタリカ　ハイロースト

フィルター部分が金属製で、蓋と一体になっている。豆はこのプランジャーの隙間を通らない程度の中〜粗挽きが良い。ペーパーフィルターと違い、コーヒーの持つ油分もしっかり抽出できるので、スペシャルティコーヒーを使うと素晴らしいフレーバーを楽しむことができる。

1 **コーヒー粉を入れる**
プランジャーを持ち上げて外し、ポットの中へ直接コーヒー粉を入れる。

2 **1回目のお湯**
コーヒー粉全体にいきわたる程度のお湯を注ぐ。タイマーを4分にセット。

3 **蒸らす**
お湯が全体にいきわたったら、そのまま30秒蒸らし、ガスを抜く。

初心者でも簡単、シンプルに
コーヒー本来の味を楽しめる

コーヒー豆の本来の味を楽しめる道具として、フランスで開発されたフレンチプレス。もともとカフェプレスやコーヒープランジャーなどと呼ばれた器具ですが、なぜか日本には紅茶用の器具として入ってきたようです。金属やナイロンのメッシュでできたフィルターが、コーヒー豆のオイル成分をそのまま抽出するので、少し濁ったようにも見えます。淹れ方は、器具にコーヒー粉とお湯を入れて浸し抽出するというシンプルなもの。抽出時間はスペシャルティコーヒーのカッピングと同じ4分が目安。簡単なプロセスで世界基準のコーヒーを楽しめる道具です。

4 **2回目のお湯**
ポットの上部まで注ぐ。スプーンで混ぜても良い。

5 **蓋をする**
最初に外しておいたプランジャーをかぶせる。注ぎ口の向きに注意。

6 **4 分経過**
タイマーが鳴ったらプランジャーに手を置き、反対側の手をハンドルに添える。

7 **押す**
フィルターがまっすぐ下に降りるように、ゆっくり押し下げる。

8 **さらに押す**
少し力がかかるがゆっくり押す。コーヒー粉が静かにお湯の中へ沈んでいく。

9 **押し切る**
プランジャーとコーヒー粉が完全に下がるように、最後まで押しきる。

10 **プレス完了**
コーヒー粉が下に集まり、コーヒー液のみが上に残る。

11 **カップに注ぐ**
押しきった状態のまま、コーヒーだけをカップに注ぐ。最後は微粉が混ざりやすいので少し残す。

抽出器具別
おいしいコーヒーの淹れ方

エアロプレス

使用器具　エアロプレスコーヒーメーカー
ペーパー　専用フィルター
おすすめ豆　パナマ・ゲイシャ　ハイロースト

エアロプレス・セット
左から、チャンバー&プランジャー、ファンネル、ペーパーフィルター、パドル、メジャースプーン。

1 フィルターをセットする
専用のペーパーフィルターをキャップにセットする。

2 道具をセットする
チャンバーをプランジャーに 1.5cmくらい差し込む。

3 コーヒー粉を入れる
チャンバーにファンネルを刺し、コーヒー粉を入れる。

4 1回目のお湯
チャンバーの半分程度までお湯を注ぐ。

アウトドアから生まれた
ワイルドなコーヒー抽出器

エアロプレスとは、その名の通り空気圧によってコーヒーを抽出する2000年代に生まれた新しい道具です。使い方は2種類あり、シンプルなスタンダード方式と、よりおいしさを引き出すインバート（逆さま）方式。ここではインバート方式の手順をご紹介します。淹れ方は簡単。コーヒー粉とお湯を器具に入れ攪拌し1〜2分程度待ってあげるだけ。あとはサーバーやカップに直接押し出せばＯＫ。気軽においしいコーヒーが飲みたいという思いからアウトドアメーカーが開発した、軽量で持ち運びやすくカジュアルにコーヒーを楽しめるアイテムです。

5 **混ぜる**
付属のパドルを使ってコーヒー粉とお湯を混ぜて30秒程度放置する。

6 **2回目のお湯**
チャンバーの上部までお湯を注ぎ、1分待つ。

7 **濡らす**
フィルターにお湯をかけてキャップに密着させる。

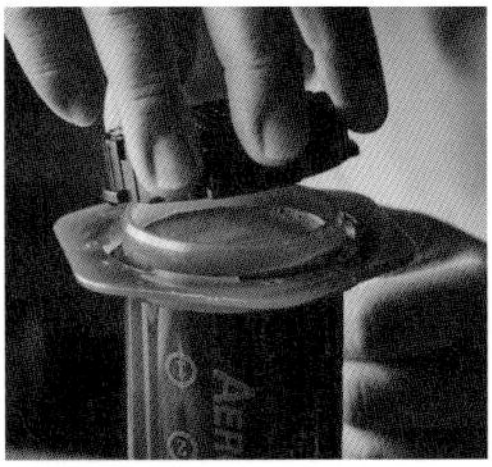

8 **かぶせる**
先ほど密着させたフィルターが付いているキャップをかぶせる。

9 **サーバーをセットする**
かぶせたキャップの上にサーバーをセットする。

10 **逆さまにする**
サーバーをのせたまま、サーバーが下になるように向きを逆さまにする。

11 **押す**
プランジャーに手を置き、30～40秒ほどかけて押す。コーヒーが抽出される。

12 **カップに注ぐ**
サーバーからお気に入りのカップに注ぐ。

カップに直接淹れる
サーバーを使用せず、カップに直接抽出することもできる。

抽出器具別
おいしいコーヒーの淹れ方

サイフォン

使用器具　コーノ式サイフォンセット　PR-2A
ペーパー　専用ペーパー
おすすめ豆　インドネシア・マンデリン　シティロースト

サイフォンセット
左から、本体、アルコールランプ、風防、スタンド、蓋、竹べら

1 お湯を入れる
フラスコの表示（2杯分など）の少し上まで多めにお湯をを入れる。水からでもOK。

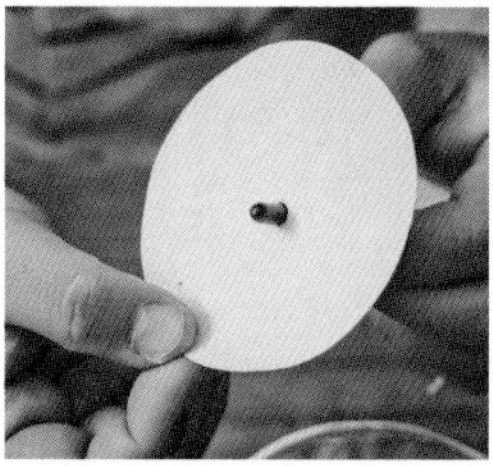

2 ペーパーを付ける
ペーパーは表がザラザラ、裏はツルッとしている。表を上にしてペーパーを付ける。

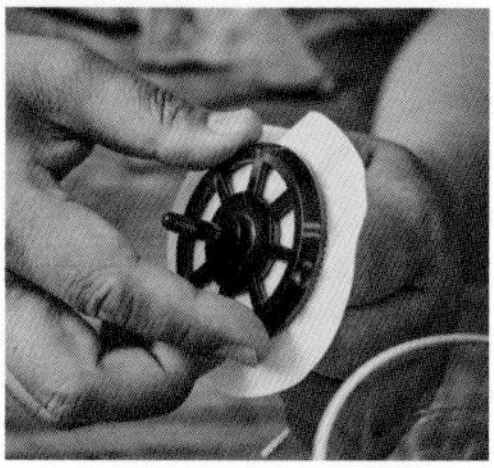

3 ペーパーをセットする
フィルターカバーをはめてセットする。ネルを使うタイプもある。

4 フィルターをセットする
ペーパーを付けたフィルターをロートにセットする。

レトロな雰囲気の珈琲器具で喫茶文化の美学を今に伝える

アルコールランプを使いフラスコのお湯を沸騰させ、気圧の変化を利用して抽出していく方法は、まるで化学の実験をしているよう。その器具は見た目も美しく、インテリアとしても絵になります。サイフォンはキレの良い苦味と豊かな香りを引き出す浸漬法で、上部に溜まっていたコーヒーが一気に落ちる様子は圧巻です。戦後コーヒー豆が高額だった時代、重量はあるが薄くなる浅煎り豆を、サイフォンでしっかりと抽出したコーヒーが喫茶店の看板メニューでした。コーヒー豆の成分や香りを強く出せるサイフォン式は、まさに喫茶文化の古典といえます。

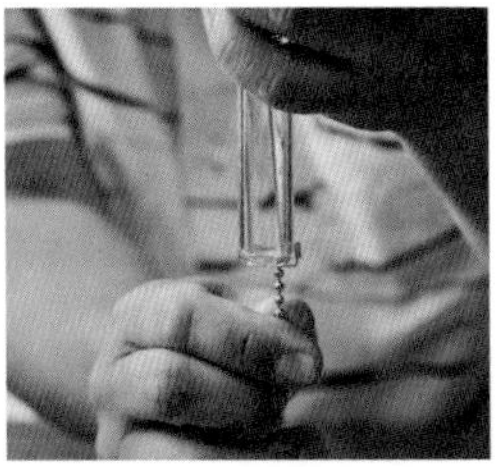

5 **フックをかける**
フィルターから出ている鎖をロートの管に通し、フックをしっかり引っかける。

6 **ロートを置く**
フラスコにロートを入れ、接続部が閉まらないように斜めに傾けて置く。

7 **沸かす**
フラスコの下にアルコールランプを置いて点火し、湯を沸かす。鎖に注目!

8 **コーヒー粉を入れる**
気泡が出始めたら、斜めに傾けていたロートをまっすぐフラスコに差し込む。

9 **お湯が上がる**
沸いたお湯がゆっくりと上がってくる。

10 **攪拌する**
攪拌し、30秒ほど置き、再度攪拌する。この攪拌の回数で味が変わる。

11 **火を消す**
2回の攪拌が終わったら、再び30秒ほど待って火を消す。

12 **ボコッと泡がサイン**
コーヒーが落ちきる最後に大きな泡がボコッと音を立てて現れる。

13 **カップに注ぐ**
ロートを外し、フラスコからカップへコーヒーを注ぐ。

おいしいアイスコーヒーの淹れ方

夏になると飲みたくなる冷たいコーヒーですが、自分で作るという人は意外と少ないのかも。その理由は「薄くなる」「ホットのような香りが立たない」など様々。そこでこのコーナーでは、これだけ守ればおいしくなる3つのポイントと、誰でもできる3種類の作り方を紹介します。

アイスコーヒーはいつ生まれた？「冷やす」文化が生んだ飲み物

1840年代、アルジェリアで飲まれていた「マサグラン」というリキュールを入れた冷たいコーヒーが始まりと言われています。日本では明治24年、東京の氷屋で「氷コーヒー」という飲み物がありました。大正時代に入ると喫茶店では「冷やしコーヒー」が流行。当時の作り方はビンにコーヒーを入れ、スイカのように井戸水や氷水に浸けて冷やしていたそうです。まさに間接急冷法の始まりですね。

左から、直接急冷法用のラオス　ハイブリッド。間接急冷法用のブラジル　ナチュラル。浸漬法用のパナマゲイシャ　アナエロビック。

これだけ守ればOK 3つのポイント

1. キャラ濃ゆめ
個性的で主張のある豆。深煎りのナチュラル精製やアナエロビックがおすすめ。

2. お湯熱め
93～95℃のお湯で淹れる。（浸漬法以外）苦味が際立ちコクのある濃いめのコーヒーになる。

3. 細挽き
コーヒー豆は細挽きにする。
濃厚な味わいになり、氷を入れても薄くなりにくい。

ついでにNGポイント!!

淹れたらすぐ冷やす！

淹れたコーヒーを放置してじんわり冷ますと風味を損ない色も濁ります。すぐに温度を下げましょう。

直接冷却法

キレと透明感を生み出す

通常の2倍のコーヒー豆を使って濃度の高いコーヒー液を作り、直接氷に入れて急冷。氷で薄まることを前提に考えて抽出します。

ラオス　ハイブリッド
（アラビカ×ロブスタ）
深煎り　細挽き 40g
お湯の温度　93°C
抽出量 260ml
熱めで淹れて苦味を引き出しエッジの立ったキレの良いアイスコーヒーを作る。

お湯を注ぐ
ドリッパーにペーパーをセット。コーヒー粉を入れて平らにし、コーヒー粉全体が湿るほどのお湯をゆっくり注ぐ。

抽出が始まる
細挽きなのでコーヒー粉にお湯が染み込むまで少し時間がかかる。30 秒ほど蒸らすとポタポタとコーヒーが落ちてくる。

お湯を注ぐ
ガスが抜け、粉面が平らになったら中央からお湯をゆっくり注ぎ入れる。これを定量になるまで繰り返す。

最後の一滴を外す
コーヒーが規定の位置まで入ったら、ドリッパーを外す。

冷やす
容器に氷をたっぷり入れ、淹れ立てのコーヒーを氷に当てながら注ぎ入れる。

攪拌する
速やかに氷とコーヒーをよく混ぜ合わせる。

グラスに注ぐ
氷を入れたグラスにコーヒーを注ぎ入れる。

Point! キレの良さと透明感
淹れたコーヒーを直接氷に入れて急速に冷やす方法は、キレの良い透明感のあるアイスコーヒーに仕上がる。

間接冷却法

もっとも正しいコーヒーの味を出す

直接氷と触れないため、コーヒーの成分がすべて反映。コーヒー豆本来の情報量が多く、細かいニュアンスがしっかりと楽しめます。

ブラジル　ナチュラル
深煎り　細挽き 30g
お湯の温度　90°C
抽出量　260ml
少し重めに作るため、最初のポタポタ蒸らしの段階を少し長めに設定する。

セットする
外側から氷で一気に冷やすために、サーバーより大きいボウルを用意する。サーバーが隠れるほどの氷水を入れる。ドリッパーにペーパーを敷き、コーヒー粉を入れる。

お湯を注ぐ
細挽きなので、最初は強気で、コーヒー粉全体にいきわたるようにお湯を注ぐ。

蒸らす
30 秒ほど蒸らし、しっかりとガスを抜く。

お湯を注ぐ
膨らみが止まったらお湯を注ぎ、ゆっくりドームを形成する。ポタポタとコーヒーが落ち始め、周りの氷が解け始める。最初はじっくりコクと重いボディを出し、徐々にスピードを上げる。

最後の一滴を外す
コーヒーが規定の位置まで入ったら、ドリッパーを外す。

攪拌する
間接的に外側から冷えていくので、攪拌して全体の温度を下げる。

グラスに注ぐ
氷の入ったグラスにコーヒーを注ぐ。

Point!　素早く冷やす
冷却が遅いとクリームダウン現象（タンニンとカフェインが結合する化学現象。分子が大きくなることで光を屈折させ透明感を下げるので濁って見える）が出るので素早く冷やすようにする。

浸漬法

爽やかな甘みとコクを引き出す

挽いたコーヒー粉を水に浸け込み、ちょうどいい濃さで取り出す簡単な方法。水出しコーヒーまたはコールドブリューともいう。浸漬法の他に、点滴で作る方法もある。

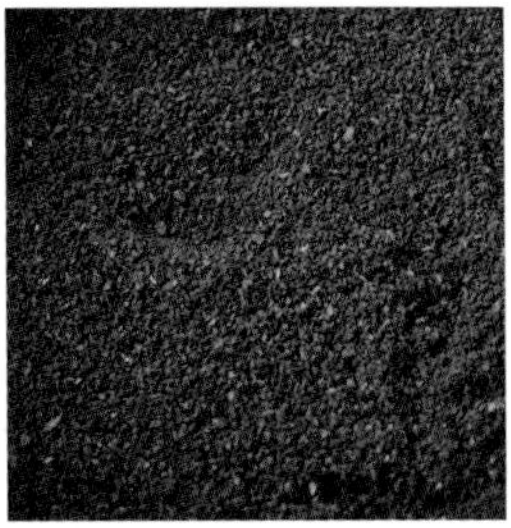

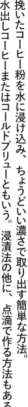

パナマ　ゲイシャ
中煎り　中粗挽き　100g
お湯の温度　93℃（少量使用）
水　2000ml
味と香りを引き出すために最初に粉全体をお湯で湿らせる。
浅煎りスペシャルティをフルーティーに楽しむのがおすすめ。

パックにコーヒーを入れる
市販のお茶・だしパックに挽いたコーヒー粉を入れる。

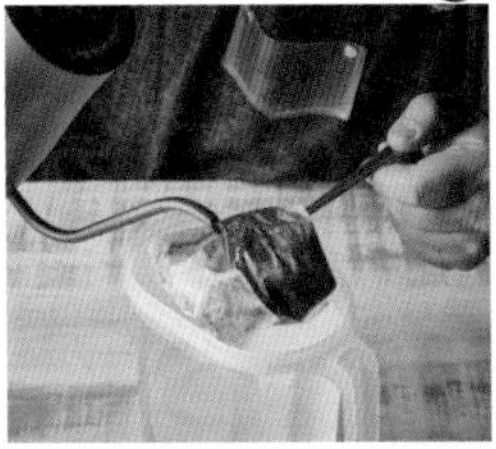

お湯をかける
浸け込むポットに水を入れ、その上で袋に入ったコーヒー粉にしみる程度のお湯をかける。このひと手間でコーヒーの味を強めに引き出せる。

蒸らす
コーヒー粉から最大限の情報を引き出すために、スプーンにコーヒー粉をのせたまま30秒～1分間蒸らす。

浸ける
コーヒー粉を水に入れる。全体にコーヒーエキスが出るように、スプーンで押して水に沈める。

8時間放置
水にコーヒー粉を浸したら、冷蔵庫に入れて8時間以上放置する。味見をしてちょうどいい濃さならコーヒー粉の入った袋を取り出す。

グラスに注ぐ
氷を入れたグラスにコーヒーを注ぐ。コーヒー豆のオイルと甘みが浸み出て深い味わいに。

Point!　粒子が気になる場合
コーヒー粉が袋から出て、沈殿したり、浮いているのが気になった場合は、茶こしやペーパーを通してもOK。すっきり柔らかい味わいになる。

おいしい
インスタントコーヒーの淹れ方

おいしいイメージがあまりないインスタントコーヒーですが、コツとポイントさえ押さえれば、見違えるほどおいしく作れます。インスタントコーヒーの作り方を極めるのは、この時代だからこそアリではないでしょうか。早速、淹れてみましょう！

1 蓋を開ける

ここが一番重要なポイント！内側に張り付いている紙の蓋を、カッターなどを使って均等に開ける。

2 ふちが均等

ビンのふちに均等に紙が残るように切る。開けた後、外蓋を完全に密閉させるために大切なステップ。

3 量る

インスタントコーヒーは、強い味が出るものが多いため、入れすぎると取り返しがつかない。メーカーごとに異なるが130ml のコーヒーを作る場合はインスタントコーヒー約2g（ティースプーン2杯）が基本。

4 少量で練る

少量のお湯または水を入れ、粉を練るようにしっかりと混ぜる。

5 完全に溶かす

スプーンでよく混ぜて完全に粉を溶かし、濃厚なコーヒーの原液を作る。

6 お湯は高温

お湯の温度は沸騰グラグラ、熱々のお湯で淹れる。均一に溶けさせ、隠されたフレーバーを引き立たせる。

7 完成

濁ったイメージの強いインスタントコーヒーが、透明感が出てクリーンになる。この原液を最初に作る方法はアイスコーヒーやミルクコーヒーでも応用できる。

Part.3

道具の選び方

淹れ方を覚えたら、よりおいしく淹れるために道具を選びたい。道具の違いでコーヒーの味は変わるし、こだわりのアイテムを揃えたらコーヒーライフが一層、楽しくなります。いい道具があると、上達したときに楽しみが広がるので、セレクトは大切。ちょっと背伸びして、おうちコーヒーをスペシャルなものにしては?

ポット

安定感があり、湯量を調整しやすいものを選ぶと良い

沸かし用ポット、ドリップポット使い分けてハンドドリップする

コーヒーを淹れるときに絶対用意したいのがポット。やかんのお湯をそのままドリッパーに注ぐと、コーヒー粉が暴れて、せっかくのドリップが台無しになってしまうので注意しましょう。ポットはお湯を沸かすためのものと、ドリップするためのもの二つを用意する

ポットの選び方

注ぎ口
ボディの下位置から始まり、高い位置に注ぎ口があるものが注ぎやすい。細口は狙った場所にお湯を落としやすい。

持ち手
しっかりと握ることができ、持ち上げたときに安定感のあるものを選ぶ。角度のついているものは傾けやすくドリップに便利。

素材
ホーロー、銅、ステンレスなど様々な素材がある。ステンレス製は錆びにくく、手入れも簡単なので初心者にはおすすめ。

**メリタ
アロマケトル**

**コーヒーの淹れ方を
教えてくれるケトル**
ケトルの側面にある、"1st“ と "2nd" と記載された２本の線を「アロマライン」と呼び、お湯を注ぐスピードと量を教えてくれる。

アンティークものから民族調のものまで、世界には不思議な形をしたコーヒー用の器具がある。

ことが最適です。

　ドリップに使用するポットは、落としたい場所にまっすぐにお湯を落とせる、注ぎ口が細く高い位置にあるコーヒー専用のものが扱いやすいでしょう。

　素材はホーロー、銅、ステンレスなどがありますが、ステンレス製は丈夫で手入れもしやすいので初心者には特におすすめです。また、お湯の温度が下がりにくく、流量も安定するので、サイズは大きめがベター。お湯を沸かすポットは直火でも大丈夫ですが、温度の調節ができる電気ポットも便利です。

株式会社宮崎製作所
シングルドリップ マホガニー

1杯分に丁度いい
納得のサイズ感
シングルドリップは1杯分のコーヒーをドリップするのに最適なサイズ。錆びにくく衛生的なステンレス製で保温性にも優れている。

カリタ
ホーロー製ポット
コーヒー達人ペリカン

保温性や耐熱性に優れた
日本製のホーロー
注ぎ口の形状がペリカンのくちばしを思わせるユニークなポット。湯の太さの調節を可能にし、量もコントロールできる。上級者向けの一台。

カリタ
Cu ケトル 600

味わいをひときわ深める
銅製のポット
銅は熱伝導がよく、温まりやすいため、何度も注ぎ分けるハンドドリップコーヒーに最適。軽量タイプで扱いやすくどんな方にもおすすめ。

YAMAZEN
電気ケトル　EGL-C1280

これ1台で沸かしから
ドリップまで OK
1度単位で温度調節ができる電気ポット。ハンドルが持ちやすく、狙ったところに、正確に注ぐことができる。コストパフォーマンスも◎。

HARIO
V60 温度調整付き
パワーケトル・ヴォーノ N

コーヒーのための
温度調整付きケトル
加熱、保温の状態が分かりやすく色表示され、加熱後一定時間の保温ができる。空焚き防止機能やオートパワーオフなどの機能が満載。

メリタ
プライム アクア ミニ

すぐに沸く
オシャレな電気ケトル
スマートで洗練されたドイツデザインのステンレスケトル。フタと取っ手が一体のワンタッチ・オープンなので、片手で操作ができる。

ミル

使う頻度、淹れる杯数に合わせて選ぶと良い

家でも喫茶店のような香り漂う挽きたてのコーヒーを楽しむ

おいしいコーヒーを飲むには豆の鮮度と熟成が命。挽いてあるコーヒー粉は時間の経過とともに香りや風味が飛び、味も変化してしまいます。せっかく本格的なドリップをしても、納得いかないコーヒーに。そんな悩みの解消方法は、飲む寸前に豆を挽くことです。

ミルの選び方（手動式）

コマンダンテ

ドイツが生んだ究極のミル
特殊な機械と職人により作り出された円すい形のニトロブレードは、微粉の発生を抑える設計として特許を取得している。

握りやすさ
しっかりと握ることができ、自分の手のひらにしっくりくるもの。大きすぎず小さすぎないくらいがベスト。

回しやすさ
ハンドルを回すと刃が回転してコーヒーを粉砕する。一定の速度をキープしないと粉にばらつきが出るので、回しやすいものを選ぶ。

手入れのしやすさ
ミルを長く使い続けるためには定期的なメンテナンスが必須。分解して清掃することが難しくないものが良い。

HARIO コーヒーミル・セラミックスリム

スリムなデザインが人気
握り心地が良く軽量で持ち運びに便利。セラミック製の刃は摩擦熱が発生しにくく、味へのダメージが少ない。挽いた粉が見えるのも◎。

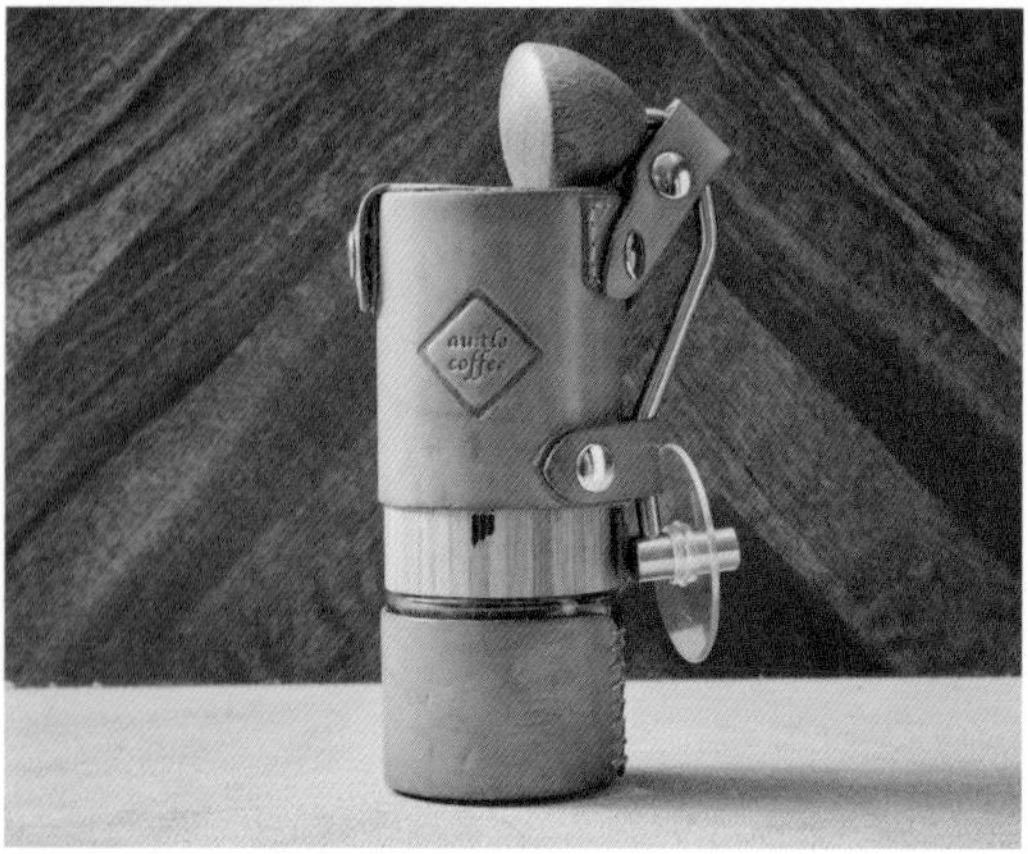

マニア垂涎、「コマンダンテを愛しすぎた男」オリジナルレザーケース
究極のハンドミル「コマンダンテ」のためだけに制作したレザーケース。持ち運びやすく、インテリアにもなる人気のアイテム。

コーヒーミルにはお手頃価格から高価なものまで、また、電動と手動があります。電動はスイッチを入れるだけなので、粒度は均等になりやすい特徴があります。手動は一定の速度を守らないと均等にならないこともありますが、ガリガリとハンドルを回して挽くプロセスと立ち昇る香りを楽しむことができます。どちらを選ぶかは好みになりますが、淹れる回数や人数に合わせてチョイスしても良いと思います。また、刃の形状も、コニカル、ディスク、プロペラなどがあり、それぞれに特徴があります。あれこれ選ぶところから、もうおいしい時間が始まっているかもしれませんね。

カリタ
ナイスカット G プレミアムブラウン

業務用ミルをそのまま小型化

雑味の原因となる微粉が少なく、均一に挽けるのが特徴。粗挽きから極細挽きまで、好みに合わせて 8 段階で調節が可能。

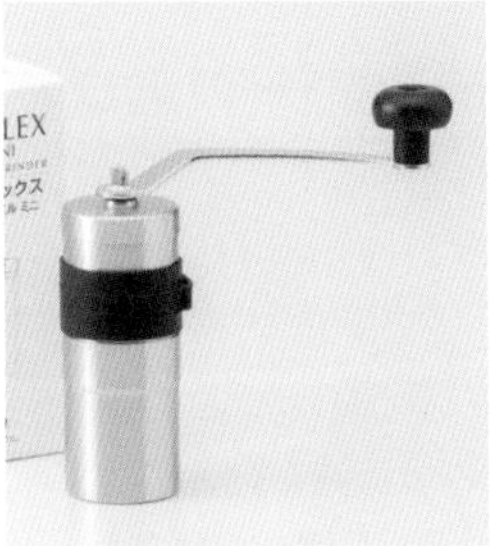

ポーレックス
コーヒーミル・IIミニ

セラミック製の刃でなめらかな挽き心地

回転力が安定しているのでハンドルの回転がスムーズ。1 目盛平均 37 ミクロン単位で細かい調節が可能。

ザッセンハウス
ラパス

老舗メーカーの職人技が光る手挽きミル

1867 年創業からの伝統を引き継ぐドイツの職人達が製作。使い込むほどにビンテージ感が増していくようなアイテム。

フジローヤル
コーヒーミル R-220 みるっこ

業務用の精度とパワーを凝縮

挽きの速さ、粒度の美しさ、静音動作を実現。シンプルな構造と頑丈なつくりで安定感も抜群。本格的なコーヒーが楽しめる。

メリタ
バリエ　シンプル

スイッチを押すだけの簡単操作

独自設計の強力モーターとステンレス刃で、スムーズに豆をグラインド。ワンタッチで挽き具合の調整が可能。

ザッセンハウス
サンティアゴ

安定した挽き心地の上質ミル

ザッセンハウスならではの膝の間に挟んだ状態で楽に挽ける手挽きコーヒーミル。ドイツ製硬質特殊鋼の粉砕刃を搭載。

ドリッパー

淹れたいコーヒーのタイプで選ぶと良い

形状、素材も様々なドリッパー複数持って楽しむのが通

ハンドドリップをするときの必需品といえばドリッパー。様々なものが販売されているので、いくつか種類を揃えて楽しみたいものです。ドリッパーは素材や形状、リブの長さや穴により、同じコーヒー豆を使っても味を変化させます。また、豆の種類や出したい味のタイプによってドリッパーを変え

ドリッパーの選び方

カリタ
HA 102 ドリッパー

波佐見焼とのコラボから誕生
リブの角度をシャープにすることでドリッパーとフィルターの間に空気を取り込み、密着を防ぐよう設計されている。保温性にも優れている。

メリタ
アロマフィルター　1×2

深いアロマを引き出す
穴の位置を高く設置。より深いアロマを楽しむことができる。ペーパードリップの元祖、1つ穴。

カリタ　コーヒー
ドリッパー　102-D

マイルドで軽やかな味に
カリタ式と呼ばれる3つ穴構造。1つ穴とくらべ、抽出の速度を上げやすく、すっきり味にもしっかり味にも使える。

リブ
ドリッパーの内側にあるリブ(溝)は、お湯を注いだ時に適度にガスを逃し、コーヒーを抽出しやすいように考慮されている。

抽出穴
抽出穴の数や大きさはメーカーによって異なる。穴の形状や位置によって抽出スピードに変化が出る。

素材
軽いプラスティック製、保温性を重視した陶器や金属、ガラスなど様々。好みのものを選ぶと良い。

るなどすればコーヒーライフも充実。代表的なものはメリタ、カリタ、ハリオ、コーノの4メーカーで、カリタは3つ穴、メリタは高い位置に1つ穴、ハリオとコーノは円すい型で大きめの1つ穴。また、最近ではクレバーやウェーブドリッパーなどの新しい形状のものも増えてきました。どれも個性があり、それぞれのメーカーがおいしいと考えるコーヒーを作りやすいようにできています。自分の好みに合ったものを持つのもいいですが、楽しみが膨らむ複数持ちをおすすめします。

有限会社センチュリー・フレンド
クレバーコーヒードリッパー

バルブ方式で、お湯を溜めて一気にドリップ

ドリップ技術を必要としない新しいタイプ。粉とお湯を入れて4分待つだけ。あとは一気にドリップするというスペシャルティコーヒー王道の楽しみ方を再現することができる。

三洋産業(CAFEC)
フラワードリッパー(樹脂製)

花びらのようなリブが特長

軽量で扱いやすい樹脂製の円すいドリッパー。十分に膨らんだコーヒー粉を深い濾過層で抽出し旨味成分を引き出す。

ORIGAMI
ドリッパー S

美しいフォルムがまるで折紙

20あるリブがドリッパーとペーパーの間に空間を作ることでお湯の抜けをスムーズにし、多彩な抽出を表現。

HARIO
V60透過ドリッパー01クリア

世界が認めた高速抽出

コーヒー粉の浸透が深く、湯が制限を受けることなく抽出できるので速度により味に変化を付けられる。

コーノ

円すい形ドリッパーの元祖、コーノ式

内側のリブが短く、上部がフラットになっているのが特徴。濃厚な成分が抽出しやすくプロから初心者まで楽しめる。

三洋産業(CAFEC)
フラワードリッパー(有田焼)

布フィルターの膨らみを実現

中心から外側へお湯が対流、深い透過層を維持。「フラワーリブ」がコーヒー粉の膨らむスペースを確保し旨味を抽出。

キーコーヒー
Noiクリスタルドリッパー

高級感のあるダイヤカット形状

ダイヤ形の頂点から抽出液が流れ出し、ダイヤカットに沿ってゆっくりと流れ落ちることで最適なスピードに。

ペーパーフィルター

ドリッパーと同メーカーの純正タイプを選ぶと良い

ペーパーフィルターの選び方

形状
大きく分けると台形型と円すい型の２種類あり、それぞれ専用のペーパーフィルターを使用する。

サイズ
大は小を兼ねるが、ポットの口が遠くなるので、使用するドリッパーの大きさに合わせて選ぶと良い。

素材
未漂白（茶色）と漂白（白色）があり、紙の繊維質も様々なものがある。

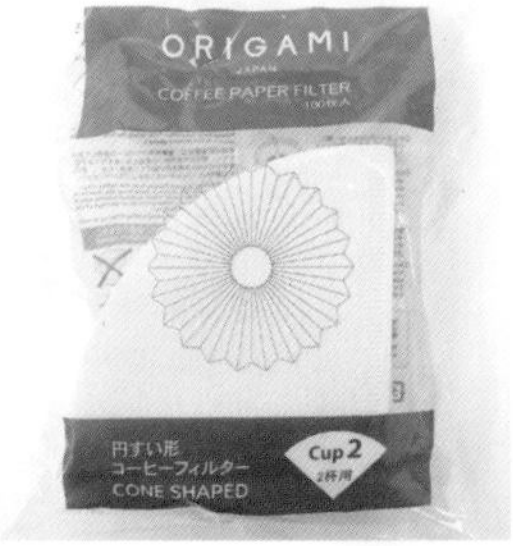

ORIGAMI
ペーパーフィルター
リブにしっかりフィットする作り
ORIGAMI ドリッパーの純正フィルター。麻の繊維アバカ入りのペーパーはシワが深く十分な厚さがあることが特徴。

キーコーヒー
円すい形コーヒーフィルター
無漂白パルプを100%使用
クリスタルドリッパーと併用することで、最適な抽出スピードを保ちながら、コーヒーの味を均一に抽出できる。

メリタ
アロマジック ナチュラルブラウン
味と香りを通すアロマホールが特徴
抽出初期に多く出るおいしさ成分をよりスムーズに通し、コーヒー本来の味をしっかりと楽しめる。

メリタ
グルメ
メリタ独自のろ過システムを搭載
S 字の特別な構造によるろ過システムにより通常の２倍のコーヒーオイルを通過させ、芳醇なコーヒーアロマを体験できる。

ペーパーはドリッパーの形に合わせて好みでチョイスする

各メーカーから様々なタイプのドリッパーが販売されていますが、ともに使用するペーパーフィルターの種類も豊富です。台形や円すい形などがあり、ドリッパーの形に合わせて選びます。目の細かい繊維質でできているペーパーフィルターは、コーヒー粉の雑味やえぐみをブロックしてくれるほか、コーヒー豆の油分も吸着するので、すっきりとしたクリアな味わいにしてくれます。

一般的に使用されているものは未漂白の茶色と漂白の白色です。昔はコーヒーを淹れる前に紙臭さを取るために湯通ししましたが、最近のペーパーは臭いも少なく、湯通しの手間も必要ありません。

スケール、温度計

コーヒー専用スケールは重量と時間を計ることができる

スケールの選び方

デジタル表示
0.1g 単位で計れるものがベスト。物をのせた状態で 0 の表示に戻せるものを選ぶ。

タイマー
重量と同時に時間を計れるタイマー機能があると便利。

HARIO
コーヒースケール SmartQ ジミー

スマホで確認、ディスプレイ着脱式
Bluetooth でスマホやアップルウォッチと通信し、重量と時間の計測結果をリアルタイムでわかりやすく確認、管理できる。

HARIO
V60 ドリップスケール

抽出量と時間を同時に計測できる
抽出時間をタイマーで計測。抽出量も同時に管理できるので、いつでも安定した抽出ができる。

有限会社 FBC インターナショナル
オリジナルサーモメーター クリップ付き
約 13cm 長

ポットに入れるのに最適
ポットやミルクピッチャーに簡単に装着できるショートクリップ付き。表示が大きめなので確認しやすい。

温度計の選び方

正確に計測するために、お湯に半分以上が刺さる長さのものを選ぶ。

目盛り
表示部分が大きく、色分けされていて見やすい。温度の経過を目で追うことができるのでアナログがおすすめ。

スケールと温度計を用意して ワンランク上を目指す

より一層、コーヒーを楽しむために揃えたい道具が、スケールと温度計です。なぜなら分量と温度、時間を管理することで、コーヒー豆のうまみ成分をあますことなく抽出できるからです。継続していくうちに、抽出したコーヒーの味をコントロール（再現）できるようになるので、自分好みのコーヒーの淹れ方レシピを作ることが可能です。コーヒー専用のスケールは、豆のグラム数を「量り」、蒸らし・抽出時間を「計り」、抽出量を「量る」優れモノ。分量と時間を同時に知ることができるので一石二鳥。最初は調理用のスケールとタイマーに温度計をプラスして練習するのもいいかもしれません（P80〜83参照）。

お気に入りの味を再現するための

スケールとタイマー、温度計を使った練習方法

基本的に淹れ方にはあえてこだわらず、楽しくコーヒーを淹れることがモットーですが、おいしくできたときの味は、何度も再現したいですよね。抽出レシピを数値化すれば、いつでも同じ味を楽しむことができます。ここでは道具を使ったトレーニング方法を学びます。

上達するための必須アイテム
温度計：コーヒーの味を大きく左右するお湯の温度を計るのに使用。
スケール：豆の量、お湯の量を量るのに使用。
タイマー：蒸らしや抽出時間を計るのに使用。

温度計付きポット
温度計と細口ポットが一体化しているもの。抽出温度がひとめでわかるため使いやすくて便利。

今回の練習は、コーヒー粉 20g に 90°Cのお湯 300ml(g) を注湯し3 分間で抽出を終える。仕上がり量は約 260ml。

1 0に合わせる

スケールに使用するサーバーとドリッパー、ペーパーをセットし、メモリを0に合わせる。

2 お湯を細口ポットに移す

温度計を入れた細口ポットに、沸かしたお湯を入れる。

調理用でも OK
コーヒー専門の道具でなくても、家庭にある調理用スケールとタイマーで代用できます。

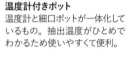

ドリップのコツを覚えてコーヒーの味をコントロールする

　コーヒーは分量や温度などをできるだけ正確に計って淹れると、味を再現しやすくなり、不味い場合は改善できます。ここで使用する道具はスケールとタイマー、温度計です。コーヒー専用の道具も販売されていますが、家庭用でも大丈夫。

　守りたいことは、事前に決めたレシピ通りに作る、という事です。注ぐお湯の量やコーヒー豆の分量、抽出する時間を計画的通りに実践します。それができるようになったら味を見てフィードバックし、自分のレシピを作っていきます。作りたい味を数値化し見直すことによって、いつでも自分好みのコーヒーを淹れられる対応力が育ちます。

3 お湯の温度を計る

沸かし立てのお湯を細口ポットに移したときは 95℃くらい。

4 豆の分量を量る

2 杯分の分量 20g を確認。練習には膨らみやすい中～深煎りが適している。

5 豆を挽いて入れる

お湯の温度を調整している間に、コーヒー豆を挽き、ドリッパーへ入れる。

6 0に戻す

コーヒー粉を入れたらスケールの数字を 0 に戻す。

7 1回目のお湯

ゆっくりポタポタと中央に落とす。同時にタイマーをスタート。

8 ポタポタ

中央からドームを広げるようにお湯を落とす。

9 膨らむ

中央からゆっくりとコーヒー粉全体が湿るようにお湯を落とす。

10 確認する

落とす速度とお湯の量を常にチェックする。

11 蒸らす

30ml(g)ほどのお湯が入ったら粉の状態を観察しながら30秒ほど蒸らす。

12 確認

このときでドリップを始めて1分ほど、30ml(g)入っている。

13 2回目のお湯

ドームが膨らみガス放出が止まったら中央にお湯を注ぐ。

14 お湯が100ml(g)

スケールを見ながらゆっくりとお湯を注ぎ、100ml(g)で一旦止める。

15 3回目のお湯

さらにお湯を注ぎ、大きなドームを作る。

16 1分30秒ほど経過

1分30秒ほどで130ml(g)のお湯が入る。ここからスピードを上げ始める。

17 お湯を注ぐ

ドームが平らになったらまたお湯を注ぐ。スピードに気を付けながら数回に分けて目標の量を目指す。

18 ストップ

トータルで300ml（g）に達したらお湯を入れるのを止める。この時点で3分くらいになっていればOK。

19 最後の一滴を外す

コーヒーが落ちきる直前に、ドリッパーを外す。

20 でき上がり

時間と量を計りながら淹れる練習を繰り返し、味を確認することでレシピを見直すことができ、さらに良いアイデアが生まれる。

美しい珈琲を求めて

コーヒーハンティング 世界紀行

Vol.1

深い森の中、のびのびと育つ豊かなコーヒーたち。

伝統的なアフリカンベッドで太陽の光をたっぷり浴びる。

乳香を焚く煙に誘われ、村の美容室でもコーヒーセレモニー。

丁寧なハンドソーティングが味に透明感をもたらす。

コーヒーの故郷アフリカ

エチオピア

壮大な歴史をまとった喫茶文化の原点へ

17歳で受けた吉祥寺「もか」＊の薫陶を胸に、一歩一歩噛みしめるようにエチオピア航空のタラップを降りる。アジスアベバの街に出てまず驚いたのは、道のそこここで見受けられるカジュアルなコーヒーセレモニー。完全に日常に溶け込みながらも壮大な歴史をまとった喫茶文化。その原点を探るべく深い山々を目指し辿り着いたのはカフェの語源とも言われる南部諸民族州ＫＡＦＡ。山中に自生するコーヒーノキを包み込む豊かな日差し。圧倒的な大地のエネルギーに加え、しっかりと管理された近代精製環境が生み出す力強さと繊細さを目の前に、一人深く頷く。

＊自家焙煎の草分け。店主・標交紀氏は「コーヒーの鬼」として伝説の存在になっている。

標高の高い山岳地帯において6000haの平地は、圧巻。

ハイブリッド種カチモールを中心にティピカやゲイシャの栽培にも取り組む。

高いポテンシャルを持つ秘境

ラオス

人々の温かみと、どこか懐かしい風景

タイの地方空港ウボンラチャターニより国境を超え陸路5時間。古いフランス建築が立ち並ぶ街パクセを拠点に南部の産地へ。世界中のバックパッカーを虜にするこの国では、近年コーヒー生産の発展がめざましい。海岸を持たない地形がゆえにこれまでベトナムの陰に隠れあまり知られてはいないが、そのポテンシャルは計りしれない。近年ボラヴェン高原に拓かれた広大な農園では、従来の小規模農家主体の素朴な生産とは一線を画す高品質コーヒーへの期待が高まる。

近代的な精製設備による高品質コーヒー生産。

魅惑のコーヒー大国

コロンビア

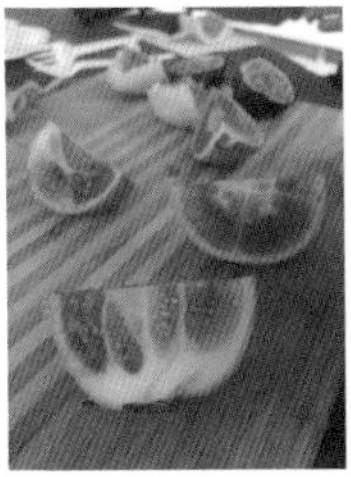

未体験ゾーンの酸味〝ルロ〟。青果市場では現地特有のフレーバーに出会える。

食文化や歴史を学び、最高のカップに出会う

現代コーヒーシーンを語る上で絶対に外せない重要な産地、コロンビア。エメラルドマウンテンに象徴される中南部のマイルドな世界観のみならず、近年は、広大な国土全体を見渡した地域ごとの独自性に注目が集まる。特に、繊細で鮮やかなスペシャルティコーヒーを数多く生み出す中北部では、アンデスの厳しい山々に抱かれ自然の生態系を維持した有機栽培を行う農園が数多く、息を呑むような美しい景色に出会うこともしばしば。現地に根付く食文化や複雑な歴史背景を学びながら素晴らしいカップに出会えることは、コーヒーを愛しすぎた男にとっては最高の時間だ。

地元のパン屋さんに並んでおすすめの味を教えてもらう。

丁寧に管理された乾燥場で繊細な味わいが生まれる。

アンデス山脈の静謐な朝。眼下に広がる雲海。

スペシャルティコーヒーの新領域を生み出すカッピングテーブル。

ランチタイムにはギターとクアトロで陽気な即興セッション。

滞在した湖畔のコテージで多様な鳥のさえずりに耳を澄ます。

世界最高のゲイシャ産地

パナマ

豊かな自然に包まれて最先端の味作りに挑む

2つの海を持つ世界屈指のスペシャルティコーヒー産地パナマは、アフリカから海を渡った太古の品種〝ゲイシャ〟がたどり着いた安住の地。首都の旧市街で眠れない夜が明け、ボルカンバルの麓ダヴィドへ。そびえる火山を眺めながら冷涼な高原の景色を走り、今回目指すはゲイシャ栽培で世界にその名を轟かせるボケテ地区の火山を挟んだ逆側、ボルカン地区。スウェーデン系移民の農園主が一族で営む広大な農園はいくつもの山々や湖などを持ち、環境保全やエコツーリズムにも取り組む。コーヒーチェリーを摘む先住民族の笑顔と、最先端の味作りに挑むプロデューサーの熱い視点が交わる濃密な時間。

山頂に立つ一本の大木が見下ろす斜面には、ゲイシャ種をはじめ様々な品種が育つ。

Part.4

豆の選び方

コーヒー豆とは“コーヒーノキ”の果実の中にある種子のこと。これを精製したものが「生豆」、加熱して黒褐色になったものが「焙煎豆」です。自分に合ったおいしいコーヒーを飲むには、それぞれの豆の香りと味を知り、なおかつ産地や品種など、基礎的な知識を得ておきましょう。

コーヒーの成り立ちと基礎知識

静かな気分で一杯のコーヒーを楽しむ時間は格別なもの。コーヒーの「おいしさ」が生まれるその背景と基礎知識を知ることは、豊かな時間を極めるコーヒー愛飲家への第一歩。

品種

「アラビカ」「カネフォラ（ロブスタ）」「リベリカ」と大きく3種類に分類されるが、主に私たちが出会う「アラビカ」の中にも100種類以上の品種があり、それぞれが個性的な外観と味わいの特徴を持っている。

産地

コーヒーの産地は主にコーヒーベルトと呼ばれる中米、南米、東西アフリカ、アジア、オセアニアで、世界中で栽培されている。土地や気候により、そのテロワールは様々。

コーヒー豆は「マメ科」ではなく「アカネ科」

コーヒーノキはアカネ科に属する常緑樹。栽培、収穫地は主にコーヒーベルトと呼ばれる熱帯地方。コーヒーの素材は生豆とか焙煎豆と呼ばれていますが、マメ科の豆ではなく果実の種子。完熟すると赤色になるのが一般的ですが、品種によっては黄色やオレンジ色に熟します。主要な品種はアラビカ種で、全収穫の70％を占めています。その他、カネフォラ種やリベリカ種など、品種によってそれぞれの個性はありますが、今はアラビカ種から派生した数多くの品種が世界中に広がっています。それらの甘味、酸味、香味の微妙な違いを知ると、コーヒーがより奥深く感じられるはずです。

焙煎

コーヒーの味わいの大部分は「焙煎」で決まる。「焙煎」とは、「生豆に熱を加え煎り焙じる」ことで、複雑な化学変化によって香りや味わいが作られる。8段階の焙煎度があり、どんなに高級な豆でも焙煎次第で大きく印象が変わってしまう重要な工程。

コーヒーは生鮮食品か？ フルーツとしてのコーヒー

コーヒーチェリーの果肉は完熟すると糖度20を超え、とても甘くほど良い酸味があっておいしい。非常に薄い層で水分はそれほど多くないが、ジャムやシロップ、お茶のように加工用として使用される事も。

コーヒーベルトとは?

コーヒーベルトと呼ばれる生産地は図のように赤道の南北回帰線にはさまれた一帯を指します。生産地は幅広く、収穫時期も様々です。その多くが発展途上国で、それゆえに自国の大きな産業としてコーヒーが推奨されてきました。

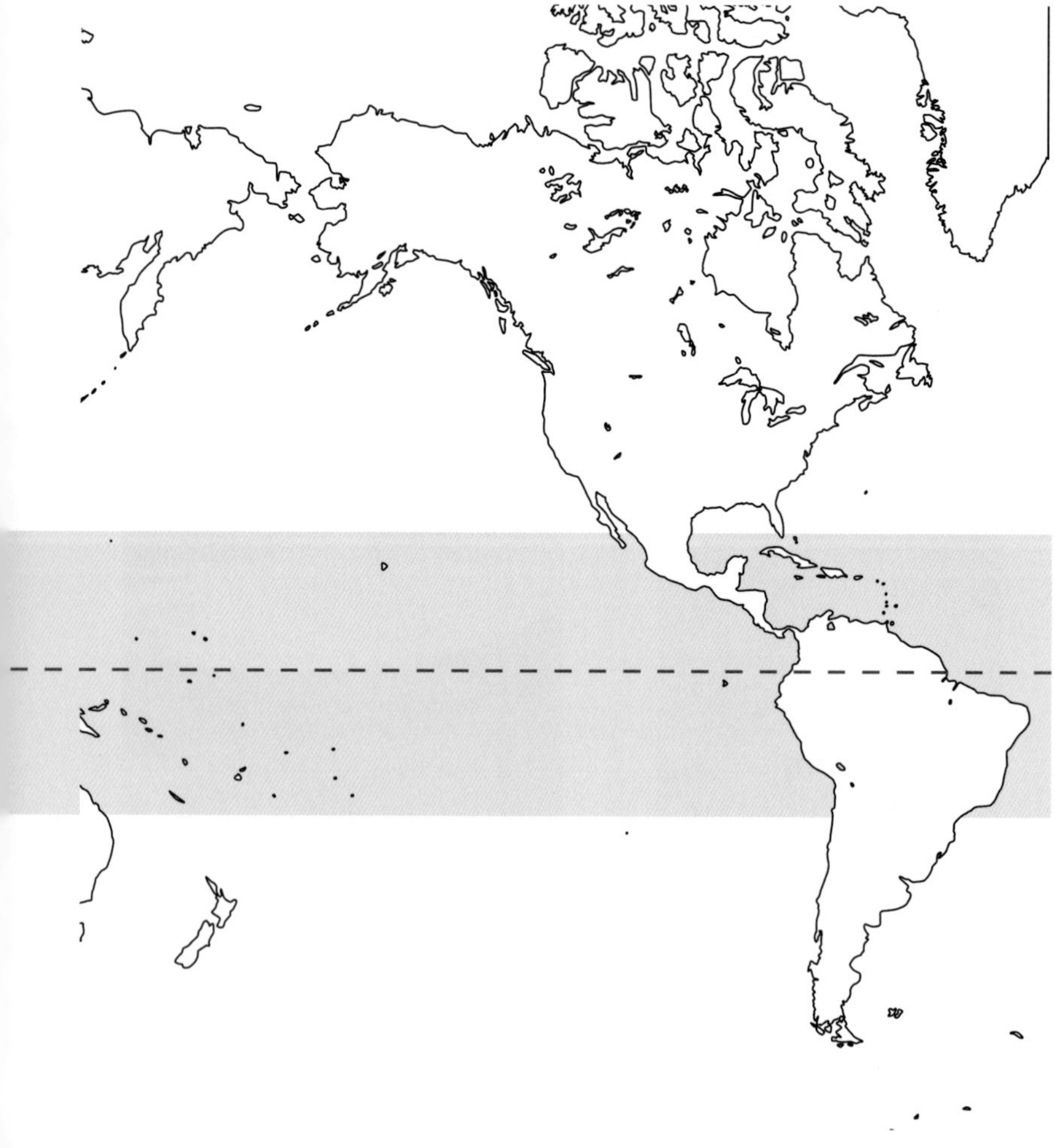

コーヒーベルトの高地を中心に生産されています

コーヒーはエチオピアの高地が原産地で、下図のように熱帯、亜熱帯地区など、今では約60か国で栽培されています。赤道を挟んで北緯25度、南緯25度ほどの地域がコーヒーベルトと呼ばれ、その中でも良質な豆が育つのは昼夜の寒暖差が大きい標高７００ｍから２０００ｍの高地や山で、年間の平均気温は18～25℃、年間雨量は１５００～２５００㎜などの条件が揃っている場所。広範囲にわたるため、コーヒーは一年中どこかで実をつけています。たとえば6月頃からブラジルなどで収穫が本格化し、10月にスマトラ、コロンビア、そしてケニア。また、赤道直下の高地では、年に2回の収穫期があるところもあります。

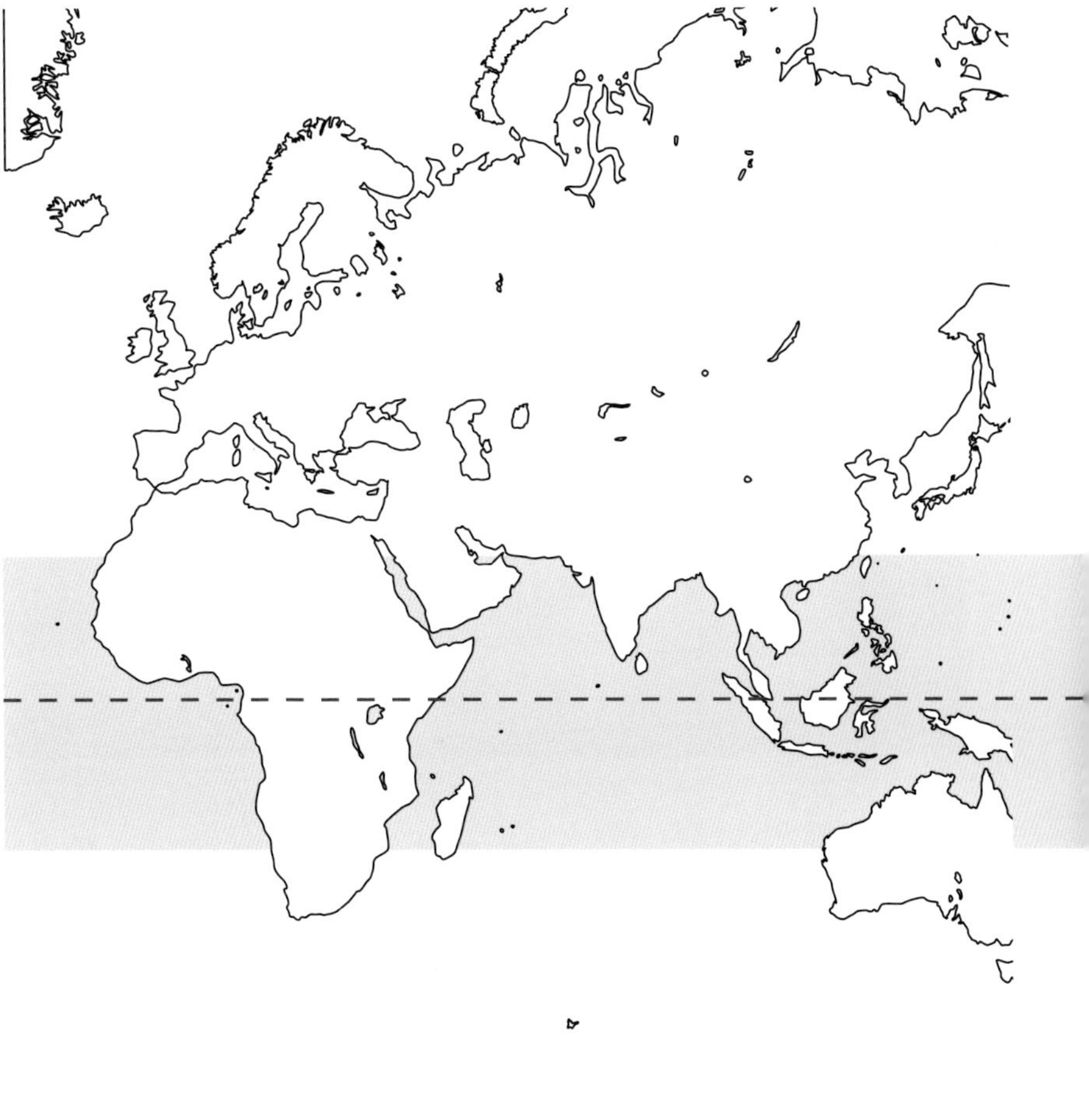

コーヒー産地の条件

コーヒーノキは水はけの良い土壌と気温、標高、日照時間の条件により、栽培に適した場所が決まります。熱帯植物ですが日差しがあまり強いと葉が焼けてしまいます。もともとは深い森の中、日陰に育つ植物で、農園では日よけ用に丈の高い樹を植えます。

年間平均気温20度前後が栽培に最適

熱帯で昼夜の寒暖差の大きい高地が、硬質で成分豊かなコーヒー豆を栽培する条件の基本。年間の平均気温はおよそ20℃前後が最適です。さらに標高、降雨、日照時間、そして風や霧が出る時間帯など細かい条件の差が様々な味わいを創り出します。このような気候をマイクロクライメイト（微小気候）と言い、コーヒーにおけるテロワールの元になると言われています。もちろん気候だけではなく「土壌」も大きく関わってきます。水はけの良い火山灰土壌で、有機物を多く含み酸性度の強い土がコーヒー栽培に適しています。また、近年の気候変動によりコーヒー名産地マップにも少しずつ変化が出てきています。

コーヒーノキが育つ条件

1 土壌

水はけの良い火山灰土壌が最適。豊富な有機物を含む酸性の土で収穫されたコーヒーは、フレーバーや酸が豊か。

2 標高

昼夜の寒暖差によりコーヒー豆が硬くなり香味情報が作られるため標高は高いほど良いが、5度以下の低温が続くと枯れてしまうため2000m程度が限界と言われている。

3 降雨

コーヒーベルトでは、乾季と雨季がある場所も多く、スコールなど一気に雨が降る場合も。雨量は年間1500～2500mmがちょうど良く、日本よりも少し多めの降雨量が適している。

4 日照

日照は強すぎても弱すぎてもダメ。熱帯植物なのにあまり強い太陽は苦手。そのためコーヒーノキのそばにはシェードツリーと呼ばれる日よけ用の樹を植える。

豊かな個性を生み出す
多様な精製方法

コーヒーチェリーを「生豆」にするまでの加工工程が「精製」です。主な精製方法は大別して、実の状態で乾燥させてから脱殻する「ナチュラル」と、水に浸して先に皮を剥がしてから乾燥させる「ウォッシュト」の 2 種類ですが、他にも様々な中間的な精製方法が存在します。

環境によって多様な精製方法がある

コーヒーチェリーの中で育まれたおいしさの素をどのように表現するか。消費国では見えにくい部分ですが、精製には生産地での作り手の思いや、その土地ならではの工夫が詰まっています。コーヒーの果肉は糖度が高く短時間で発酵が進むので、摘んでから速やかに処理をする必要があります。

伝統的な精製方法には、「ナチュラル」と「ウォッシュト」がありますが、それぞれ地域の気候や地形などに合わせて生まれたものです。

他にも、「パルプトナチュラル」「セミウォッシュト」「スマトラ式」、また近年のトレンドにもなっている発酵精製など多様です。

コーヒーチェリーの構造

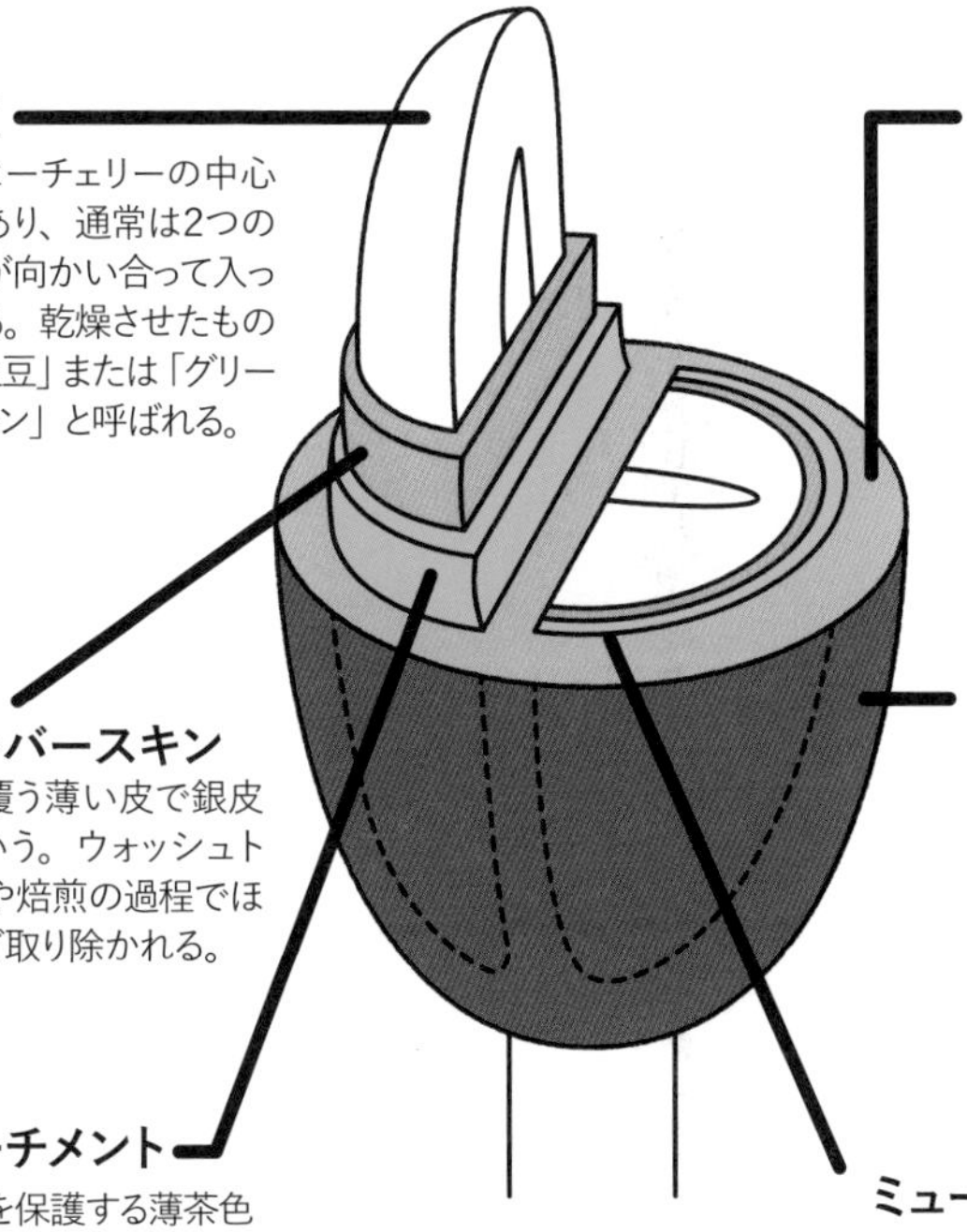

生豆
コーヒーチェリーの中心部にあり、通常は2つの種子が向かい合って入っている。乾燥させたものが「生豆」または「グリーンビーン」と呼ばれる。

果肉
外皮とパーチメントの間にあるのが果肉。完熟するとしっかりとした甘みがあるが、コーヒーは果肉の部分が薄いため食用にはならなかった。

シルバースキン
種を覆う薄い皮で銀皮ともいう。ウォッシュト精製や焙煎の過程でほとんど取り除かれる。

外皮
コーヒーチェリーの外側の皮のこと。通常は成熟すると赤みをおびるが、種類によっては黄色やオレンジ色になるものもある。

パーチメント
種子を保護する薄茶色の硬い殻。ほとんどの場合、輸出の前に脱殻されて運ばれる。

ミューシレージ
パーチメントの外側に貼りついたぬめりの層。ハニー精製ではこの厚みを繊細にコントロールすることで甘味や味わいを変化させる。

大きな可能性を秘めたコーヒーチェリーの甘い果肉

白く芳しいコーヒーの花が咲いた後、小さなコーヒーの実は成長しながら次第に赤く色づいてきます。鮮やかな赤色を通り越し、「レッドパープル」と呼ばれる紫色に近づくと完熟です。この時の果肉の糖度は20〜24程度とかなり甘いですが、劣化の進行が早いため収穫後の精製処理が大変難しく、かつて「10年に一度」と言われたモカの当たり年などがそれを物語っています。今はパーチメントに残った果肉成分を高精度の技術でコントロールし良質な発酵を施すなど、精製の概念は劇的進化を続けています。また、果皮果肉を剥がした後に乾燥させる「カスカラ」の品質も上がっており、今後の広がりが楽しみです。

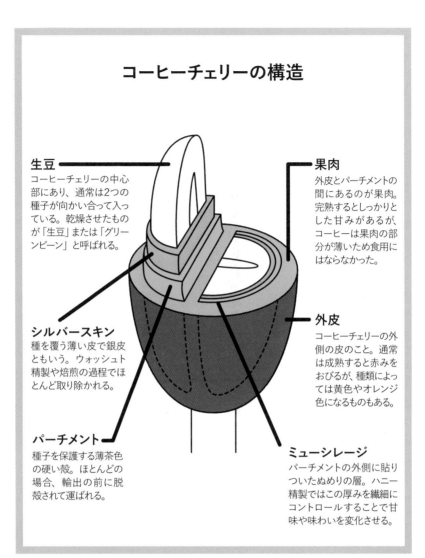

ナチュラル

Natural

フルーティーな熟成感を生む伝統精製

収穫後のチェリーを大まかに選別し、そのまま皮むきをせず果肉と一緒に乾燥させるシンプルな方法。乾燥後に脱穀し一気に生豆を取り出すが、すぐに脱穀せず保管する場合も多く独特の熟成や、時に劣化が起こる場合もあります。古くからエチオピアなど水が得にくく広大な土地がある環境において自然発生的に行われていました。

1 選別

収穫後まず水槽に浸け込み、浮かんでくる不完全なチェリーや異物などを取り除く。沈んだコーヒーチェリーをさらに手選別し、完熟豆と未熟豆を分けることにより品質が向上。

2 乾燥

様々な乾燥方法があり、多くの場合は太陽の光をふんだんに使った天日乾燥。コンクリートやビニールを敷いた乾燥場も多いが、アフリカでは棚に網や布を張った伝統的なアフリカンベッドを使う。棚の下からも空気が入り通気性が良いため均一な乾燥が可能。気候やスペースの関係で機械式ドライヤーを併用することもある。熟練した生産者は手触りや質感、香りなどでも乾燥度（水分量）を判断することができる。

3 脱穀

水分値を安定させるために冷暗所で数週間休ませてから、果皮果肉とパーチメント部分を一気に脱穀し生豆を取り出す。中〜大規模農園では機械を使用するが、小農家では臼と杵でついて脱穀することも。

4 生豆

出荷前に機械選別やハンドソーティングを複数回行い、欠点豆を除去し完成。ナチュラル精製の生豆は表面にシルバースキンが多く残っており、色も金色を感じさせるグリーンであるため外観で容易に判別できる。

ウォッシュト

Fully Washed

水を使い
クリーンな
味わいを生む

選別や洗浄、浸漬発酵など各工程で水を多く使う手法で、クリーンなコーヒーを安定的に生産できます。水資源豊富な山岳地帯の急峻な斜面などで、平地が少ないことや霧や雨などの気候要因から、中米を中心に進化した精製方法。高品質コーヒーが作れるものの排水の環境負荷などもあり現在も様々な技術が生み出されています。他の精製と区別するためフリーウォッシュトやフルウォッシュトとも呼ばれ、複数の浸漬工程（ソーキング）を加えたダブルウォッシュトなども行われています。

1 選別

コーヒーチェリーを水槽に浸し、浮いてくる不完全な実、葉や枝、ゴミなどの異物を除去する。

2 果皮除去

パルパーと呼ばれる皮むき機で果皮果肉を剥がし、パーチメントコーヒーと果皮を分離させる。

3 発酵槽

ぬめりの残ったパーチメントコーヒーを発酵槽に浸け込み、表面に付着した果肉（ミューシレージ）を微生物の働きで分解除去。水温によって異なるが 24 時間から最大でも 3 日程度で完了する。

4 水路

発酵槽から乾燥場まで水路を通し移動させながら洗浄する。この段階でさらに選別も進む。

5 乾燥

天日や大型乾燥機などで速やかに水分を減少させる。パティオと呼ばれる干し場やアフリカンベッドなどに薄く広げ、何度も攪拌しながら均一に乾燥させる。

6 脱穀

水分量が 12% 未満になるように、乾燥させたパーチメントコーヒーを脱穀機にかけ、生豆を取り出す。

7 生豆

シルバースキンが残らず艶のあるきれいなグリーンに仕上がる。水分値や発酵、乾燥の状況により黄緑から深緑まで発色は様々。

パルプトナチュラル、セミウォッシュト

Pulped Natural/ Semi Washed

ほど良い個性とマイルドなボディ感

コーヒーチェリーをパルパー*にかけ果皮を除去し、パーチメントにミューシレージ(P97図案内参照)を付着させたまま乾燥工程に入る方法をパルプトナチュラルと呼び、精製設備が手に入りにくい東南アジアの小規模農家からブラジルの大規模プランテーション農園まで世界中で行われています。またミューシレージリムーバーなど機械的な摩擦や遠心力でぬめりを強制的に剥離させることで水の使用を抑えた方法はセミウォッシュト(またはメカニカルウォッシュトなど)と呼ばれますが、その分類に詳細な定義づけはなく、産地によって呼び方はまちまち。いずれも乾燥時間短縮や品質管理に寄与し、マイルドで甘みのあるコーヒーになります。

＊農業において果肉などを除去する機械

ハニー

Honey

繊細な香りと甘味のハーモニー

パルピング後のミューシレージ（果肉のぬめり）残存率を細かくコントロールし、繊細な香りと甘味の表現を追求した現代的な手法。高糖度の果肉を100%残したものを「ブラックハニー」、そこから「レッドハニー」「イエローハニー」「ホワイトハニー」など残存ミューシレージが少なくなるにつれ乾燥時の色味に差が出て、味わいもすっきり爽やかに変化。ちなみに、乾燥前のホワイトハニーは前述のセミウォッシュトとほぼ同じ状態ですが、ハニーと呼ばれる場合は明確なヴィジョンを持ち発酵や乾燥過程に強いこだわりを感じさせます。

スマトラ式（ウェットハル）

Sumatra Method (Wet Hulled)

先住民族ゆかりの強烈なフレーバー

コーヒー栽培に長い歴史を持つインドネシア・スマトラ島北部の先住民が古くから行ってきた独自精製。家族単位の小農家が多く大きな精製設備がないことや、収穫期の雨により計画的な乾燥が難しいことなどから必然的に生まれたと言われています。手回しパルパーなどで果皮を剥がしたのち、ミューシレージの残ったパーチメントコーヒーを水に浸け込んで洗い、1日乾燥させます。およそ30%程度までの水分が抜けたらパーチメントを脱穀しますが、この生豆は「アサラン」と呼ばれまだ柔らかく、その後の再乾燥や輸送過程で潰れたような形になりシワが刻まれた独特の外観に仕上がります。欠点豆混入は多いですが、マンデリンに代表されるインドネシアコーヒーのエキゾチックな魅力はこの精製工程によって生まれます。

知っておきたい
コーヒー豆の品種

普段飲んでいるコーヒーの種類は知っていても、その元となるコーヒーの家系図まではなかなか知ることはできません。でも、品種ごとのつながりを知ると、より一層、深くコーヒーのおいしさを理解することができます。

コーヒーの三大原種

リベリカ種

原産地はリベリアで、生産量はわずか1～2%。そのほとんどがこれまで自国消費だったが、今後はファイン（スペシャルティ）ロブスタの台頭に合わせて、少しずつだが世界に流通し始めるかもしれない。

カネフォラ種
（通称ロブスタ種）

全コーヒー生産の約30%。コンゴが原産地で、その生命力の強さ（＝ロブスタ）からベトナムなど東南アジアやブラジルでも栽培される。苦味が強く主にインスタントや缶コーヒーに加工される。

アラビカ種

日本のレギュラーコーヒーはアラビカ種がほとんど。エチオピアを原産地として、世界の約 70%を占めている。アラビカ種から生まれた品種は約100種類以上と言われている。

三大原種のうち出会うのはほとんどがアラビカ種

コーヒーの品種の中で、実際にコーヒー店などで販売されるものは、ほとんどがアラビカ種から派生した品種。酸味やフレーバーが心地よく、浅煎りから深煎りまで、様々な味わいを創り出すことができます。カネフォラ（通称ロブスタ）種は病気や害虫に強く生産性が高い反面、苦い、重い、渋いといった特徴のため、主にインスタントコーヒーなどの加工品に使用されています。

コーヒー豆の主な品種と
その系統図

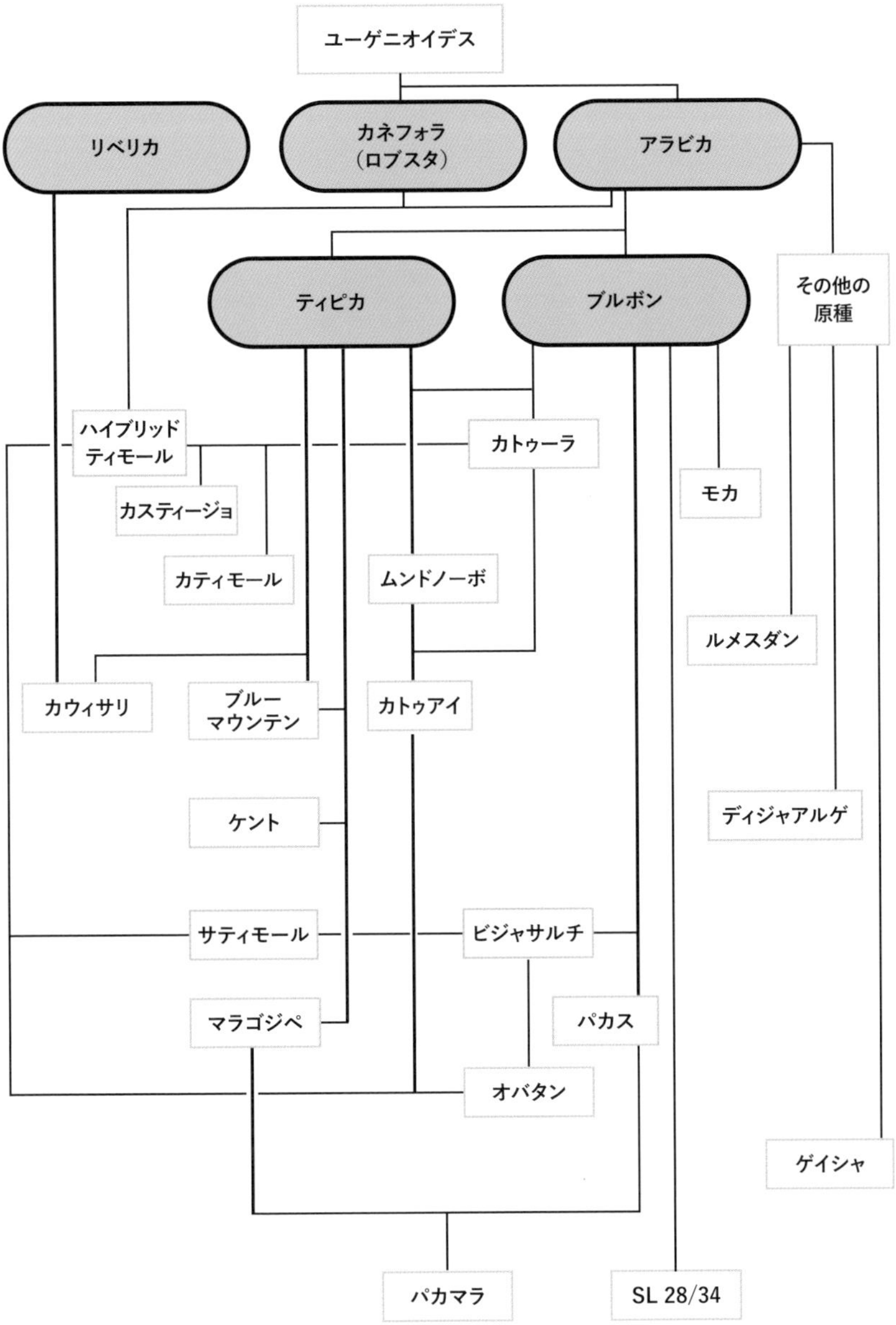

アラビカ種だけでもこんなにある

私たちを日々楽しませてくれるコーヒーは、ほとんどがアラビカ種です。アラビカ種から枝葉のように色々な品種が登場して生産され、繊細で香り高いコーヒーが生まれます。

マラゴジペ

実が大きく独自の風味を持つ。リンゴのような繊細なフレーバーと黒砂糖のような甘さが特徴。生産性が低く希少価値が高い。

モカ

いくつかの在来種の混合品種で、イエメンやエチオピアで栽培されている。全体的に小型化した矮性種で、生豆はすべての品種の中でもっとも小さく、非常に丸い形状が特徴。銘柄としてのモカとは異なる。

ティピカ

アラビカ種でもっとも古い品種。他の品種はすべてティピカの交配や突然変異から生まれた。繊細で栽培が難しいが、その酸味と香味の上品さは格別。

ムンドノーボ

ティピカとブルボンの自然交配種。名前はこの種が発見されたブラジルの地名に由来。耐久性があり病気にも強く、標高が低いところでもよく育ち生産性が高い。

カトゥーラ

ブルボンの突然変異種でブラジルで発見された。比較的生産性が高く、また樹高が低いため手摘み作業に適している。コロンビア、ブラジル、中米で生産量が多い。

ブルボン

マダガスカルの東にあるブルボン島（現レユニオン島）で突然変異して生まれた品種。甘味の質が高く市場で評価され、様々な変異種、改良種の元になっている。

アラビカを原種とした豆の品種は数え切れない

コーヒーの原種の中でもっとも多くの品種を生み出しているのが「アラビカ種」です。その数は現在およそ100種以上とされており、店頭で販売されている豆は、ほとんどがアラビカ種です。世界各地で突然変異や品種改良を繰り返していくうちに多くの品種が誕生しました。その突然変異の代表格が「ブルボン」や「マラゴジペ」です。また、アラビカ種にロブスタ種の生産性や耐性を取り入れたハイブリッド種も年々品質が向上しています。高級コーヒーとして知られる「ゲイシャ」や「ルメスダン」などは品種が混ざっておらず純血種ならではの特別な香味を持っています。

ゲイシャ

エチオピアからコスタリカの試験場を経てパナマに渡り2004年の品評会で一躍有名品種に。その後も世界最高値を更新し続け世界を席巻するスペシャルティコーヒーの最高峰。

ルメスダン

アフリカのスーダンで発見された野生種。病気に強く生豆は大きく長い。生産量は少なく、日本には少量しか入ってこない希少な品種。

パカマラ

エルサルバドルで開発されたパカスとマラゴジペの交配種。チョコレートやトロピカルフルーツを思わせる甘味とハーブのような香りが特徴で、ゲイシャ種に並ぶ人気を誇る。

カティモール

カツーラと、サビ病に耐性のあるハイブリッドティモール（アラビカとロブスタの交配種）との交配によって生まれた品種。収穫量が多く、病害に強い。キレの良い苦味が特徴。

カスティージョ

カティモールと同じ交配種でありながら病害耐性を保ち、更に風味の良い豆を目指して選別と改良の末にコロンビアで生まれた品種。風味特性の良さに加え、様々な気候への順応性や樹木の長い寿命が特徴。

パカス

ブルボンに似た良質な香味を持つ。エルサルバドル北西部のサンタ・アナにあるパカス家の農園で発見された。カツーラなどと同じく、小型化した矮性種の特徴を備えている。

味の錬金術「焙煎」

焙煎はコーヒーの味わいを引き出すための大切な工程。熱化学変化によって様々な香りや風味を作り出し、ときには削り、整えます。コーヒーのおいしさの80%は焙煎で決まるとも言われています。

酸味が強い➡

中浅煎り

浅煎り

※本書における日本語表記

1ハゼ

豆の状態

豆が膨らむ

豆が縮む

ハイロースト

深い浅煎り。スペシャルティコーヒーのもっともスタンダードな焙煎。酸味の中にもほのかな苦味が現れ、品種や産地に関係なくコーヒーらしい味わいになり、かすかなコクも生まれる。

ミディアムロースト

一般的に言われる浅煎り。豆の色は明るい栗色で、口当たりが軽くすっきりした酸味が楽しめる。パナマやエチオピアの高品質な豆は、ミディアムでも香り豊かでおいしく飲める。

シナモンロースト

ライトローストより微妙に深く煎る。豆の色はシナモン色。豆は硬いが焙煎による香味生成の途中なので、コーヒーらしい香りが出始める。流通は比較的少なめ。

ライトロースト

浅煎りの中でももっとも浅く煎るので、生豆のような黄色っぽさが残る。また、豆質は硬く穀物のような香味も残っているので、現在ではほとんど流通していない幻のロースト。

生豆を加熱することで生まれる様々な香りや味わい

コーヒーの生豆は硬く青臭いため、そのままでは飲料に向きません。焙煎とは、生豆を加熱し加水分解や重合など複雑な化学変化を促すことで様々な香味成分を引き出すこと。焙煎師の考え方によりレシピは多様ですが、水分10％前後の生豆を8〜20分程度加熱し、170〜220℃前後で煎り上げます。生豆から揮発性成分が減少し、10〜20％程度軽くなり色や大きさも劇的に変化。焙煎度合いはここで紹介する8段階分類がポピュラーです。一般的に豆の色を計測し識別しますが、精製方法などの要因でも色合いが変わってくるため、加熱段階で区分する方法が正確です。

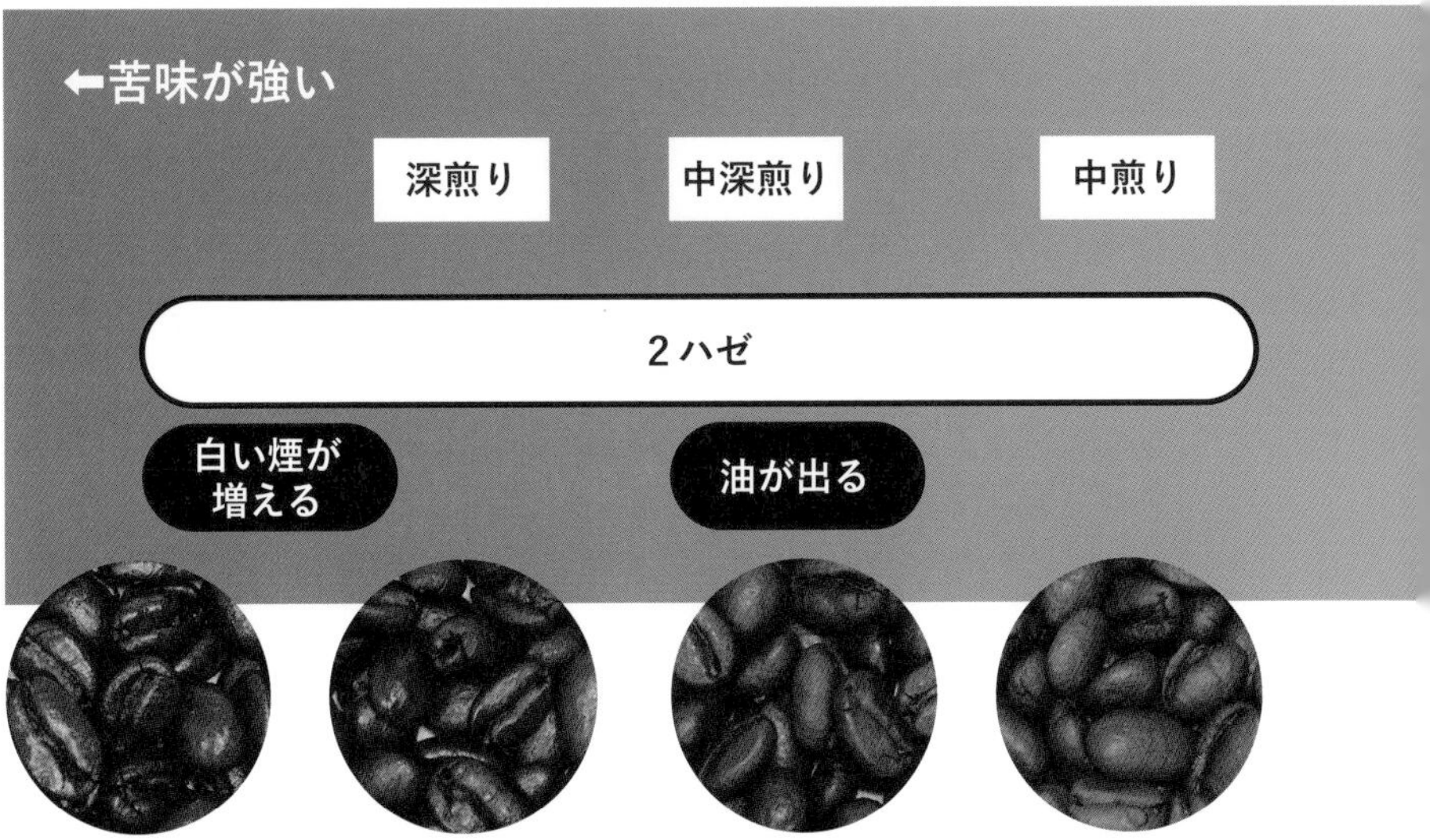

イタリアンロースト

焙煎の限界付近。刺激的な苦味が現れ、スモーキーで独特の香味がある超深煎り。コアなファンも多く、デミタスやエスプレッソで粋に飲むのが通。

フレンチロースト

深いチョコレート色で昔からファンの多い深みのある濃厚な味わい。しっかりしたコクと柔らかな苦味があり、後味は甘い。上質な酸味のコーヒーはここまで煎っても風味が残る。

フルシティロースト

ロースト感が味わえる柔らかな深煎り。酸味が弱くなり苦味が強調されコクが出る。コーヒーオイルが出始め、マンデリンやケニアなどのスパイシーな香味が引き立つ。

シティロースト

深煎りの入口。コーヒーらしい深い茶褐色。ここまで煎ると酸味のかどが取れてくる。苦味もほど良く、喫茶店でおなじみの焙煎。苦味と酸味のバランスが良い。

コーヒー豆の保存方法

コーヒー豆は生きています。だからこそ、焙煎後の保管の仕方次第で上質な熟成も、がっかりするような劣化も起こります。ここでは、良い状態をなるべく長持ちさせるための3つのポイントを中心に、適切な保管環境を紹介します。

おいしいまま保存する3つのポイント

ポイント❶ 温度
追熟期間は快適な室温（20~25°C）位がベスト。夏場、室温が高すぎる場合は完全密閉し、冷蔵庫で保存。

ポイント❷ 容器
酸素に触れる中での状態変化は良質なものも悪質なものもあるが、香りの成分は揮発性のためなるべく空気を通さない密閉容器をチョイス。

ポイント❸ 場所
太陽光に含まれる紫外線に長時間当たると劣化するので、直射日光は避けて保管する。LED照明は蛍光灯にくらべて紫外線が少なく、コーヒーにも優しい。

コーヒーは焙煎してから5～30日飲み頃を意識して保存する

コーヒー豆はデリケートな生鮮食品です。最初はおいしかったコーヒー豆も保存方法を誤ると味、風味が落ちてしまいます。

まずは、コーヒー豆を購入したときに焙煎日を確認し、そこから常温保存で30日間を目安に飲みきることが理想です。30日をすぎてしまいそうなら小分けして冷凍するのが一番。その場合、コーヒー豆を完全密封するために、袋を二重にするのがおすすめです。コーヒー豆は生きています。焙煎後しばらくは追熟するので茶筒のようなものへ入れ、長期保管の場合は空気に触れないように密閉容器に入れて、光の当たらない涼しい場所に置きましょう。

密閉性が高く、使いやすい容器を選ぶ

コーヒー豆は湿気を含みやすく、香りの成分が飛びやすいので密閉度の高い容器を選びましょう。ガラスの保存ビンは中身が見えるので残量が分かって便利。コーヒーの色や形など、顔も個性的なので、キッチンをおしゃれに見せてくれます。

蓋がしっかり閉まる、おしゃれな保存ビン。

空気もシャットアウトでき、真空状態になる保存容器。

熟成を楽しむ
焙煎後、コーヒー豆は熟していく。新鮮な豆を購入したら茶筒などに入れ、あえて空気に触れさせながら保存。お好みのタイミングで小分けして冷凍保存するのがベスト。

冷凍する場合は小分けする
状態変化を止めるには冷凍庫が一番。とはいえ出し入れ時の温度差による結露の危険があるので冷凍の場合は1、2杯分ずつ小分けに。

美しい珈琲を求めて

コーヒーハンティング 世界紀行

Vol.2

紺碧の海を渡り珊瑚礁の島に上陸(人物左が筆者)。

伝統的な薪火の土鍋焙煎を村長の奥さんから習う。すぐ焦げてしまうので技術が必要。

密林に眠る
希少な天然コピルアック

ロンボク

森の中で朝日に輝くコーヒーの宝石を発見

バリ・デンパサールから小型プロペラ機に乗り込み雨季が終わったばかりのロンボク島へ。昼のうだるような暑さから一転、陽が落ちると急に肌寒くなる。長く薬草研究を続ける熱帯植物学者と粋狂な探検家と共に、一路東の密林を目指す。野生の麝香《じゃこう》猫(ルアック)による天然コピルアックを探す旅が始まった。悪路に揺られ6時間、活火山リンジャニの麓の小さな村へ到着。村長一族の歓待を受けた翌朝、村の子供達に連れられ森へ入る。意外にも足元の茂みではなく、岩や倒木の上で朝日に輝く琥珀色の宝石。高鳴る胸をおさえ、収穫後はすぐに精製作業に。まずは伝統的な非水洗の天日干し、そ

コピルアックとチェリー。コーヒーの樹の下には麝香猫が吐き出した完熟チェリーの皮が落ちている。夜行性の麝香猫は注意深く、できるだけ周囲が見渡せる場所を選ぶ。

岩の上に鎮座し朝日に輝く上質な天然コピルアックは、まるで宝石のよう。

収穫後速やかに水洗いをし天日に干す。詳細に状態変化を観察する隊員。

夜のドリップ。歓迎の晩餐のお礼に日本式ハンドドリップを振る舞う。子供達の輝く瞳が印象的だった。

して目の細かなネットを使い丁寧にウォッシュ。すべすべになる掌から感じる自然の恵みと高貴なる香りに酔う。

異常気象による乾季の豪雨に車がスタック。
全員で押し上げ少しずつ進む。

植物学者の先生が周辺の林で薬草を集め、最強のトラックの荷台に乗り込む。

通りがかった村の学校の先生に道を聞く。
現地では今も紙の地図が頼りだ。

雄大な山々に守られた
幻のコピルアック

スンバワ

人間と自然がギリギリの均衡を保つ深い山へ

リゾート開発の影響か、2年目のロンボクへの道は快適になったが、収穫は約半量に減った。翌年はさらに東のスンバワ島へ上陸。急峻な山道を現地最強のTOYOTAで行くが、例年より長引いた雨季によるぬかるみに阻まれる。行きずりの村々で夜を明かし、情報を集めながら地図にない道を進むうちに雨が強まり、ついにはほぼ遭難状態に。自生する巨大なミカンやサトウキビからなんとか水分を確保し急斜面を徒歩で引き返す。道中、すでに多くのコピルアックを持つ集落に辿り着いたものの、自分たちで発見できた物はごくわずか。人間の営みと自然がギリギリの均衡を保つ場所にのみ生

道中、沢山のコーヒーチェリーを発見。この村ではマラリアが蔓延し作業が中断されていた。
目的地直前の村ですでに収穫・乾燥されたコピルアックに出会う。大きさも保管状態もかなり良い。

まれ落ちる「本物」の価値と意味。コピルアックが投げかけるメッセージと力強い雨を全身に受けながら10時間の徒歩下山。里の灯は温かかった。

海の近くに農園があるのも国産コーヒーの特徴。

コーヒーベルトの
北限を拡げる
国産コーヒーの未来

沖縄

沖縄北部の森の中では露地栽培も行われる。

日本固有のテロワールを表現する新たな挑戦

　世界を巡ったコーヒーが最後に到達した国、言い換えれば産地からもっとも遠い国である日本。はるか西方のエキゾチックな喫茶法が、南蛮貿易の商人達から日本の食文化に静かに浸透し数百年。今や世界一おいしいコーヒーを飲む国と言われるようになったが、実は沖縄や小笠原などでは明治以降に国策としてもコーヒー栽培が進められた歴史がある。東南アジアより北上してきた古い品種とブラジルの研究所から移送された比較的新しい品種達は、深い森の中でひっそりと、またときには父島の民宿の裏庭で、花を咲かせ実を付け続けてきた。

　とはいえ、やはり世界最北の

講師を招き栽培農家向けの勉強会を開催。やんばるの森の中およそ30名が真剣な眼差しで見つめる。

育苗ポットで丁寧に育てられる苗。

強い台風に耐えられる頑丈なハウスも必要。

過酷な産地では、気温の問題や台風の影響など、思うように収穫量は伸びない。また、寒暖差の少ない低地栽培では豆が硬くなりにくく海外の名産地のような強いボディや華やかな酸味も生まれにくいのが現実だ。それでも2016年には、私も携わった沖縄本島北部産コーヒーが丁寧な手仕事と独自のハニー精製で、国産史上初（と同時に世界最高緯度）での国際スペシャルティ認証を受けるなど、今も多くの情熱が注がれる。日本固有の独自テロワール、そして茶道・喫茶文化に根ざした新しい世界観を表現すべく、先端技術を用い新しい挑戦が進んでいる今。もしかしたら本州や北海道など様々な土地で魅力的なコーヒー農園が生まれていく未来も、そう遠くないかもしれない。

ホームローストにチャレンジ！
手網＆手回し焙煎の仕方

コーヒー豆は大掛かりな焙煎機を使わなくても焙煎することができます。少々ばらつきは出ますが、自宅で焙煎できるのは楽しいですよね。また、焙煎し立てのコーヒーを飲めるのはホームローストの醍醐味です。ここでは気軽に始められる手網と手回しの焙煎方法を紹介します。

手回し焙煎

セッティング

コンロの上に手回し焙煎機を置く。

生豆を入れる

専用のジョウゴを使い、ドラムの中に生豆を入れる。

火をつけて回す

最初は弱火でじっくり。水分が抜け色がゴールドに近づいたら少し回転数を上げ強火に。ドラムの中で豆が転がる音が徐々に変化する。

状態をチェックする

サシを使って中の豆の様子を見る。程良い頃合いで豆を取り出してすぐに冷ます。

生豆は珈琲専門店で購入できることもあるが、通販も便利。水分量を均一にし、同時にチャフを取るために、焙煎前に水洗いし乾燥させておく方法もある。

ホームローストの道具たち。手前にあるものが一番気軽に始められる手網焙煎機。奥にあるのが手回し焙煎機。電気式のものもある。

手網焙煎

1 生豆を入れる

生豆の分量を量り、手網の中に入れる。フライパンなどでもできるが豆が飛び跳ねるので蓋のついた専用の手網が便利。

2 中火にかける

コンロを中火にし、最初は少し離した状態で加熱する。ムラを防ぐために斜めにせず、水平に前後左右に振りながら焙煎する。

3 温度を確認する

手網機の上にぎりぎり手をかざすことができるくらいの温度をキープする。後半は少し強火にしても良い。

4 焙煎終了

生豆の状態から10〜15分くらい経過するとハゼがくる。でき上がったら豆を取り出してすぐに冷ます。

Part.5

コーヒーを学ぶ

コーヒーの深い味と香りは、品種や精製、栽培地域でそれぞれの特徴があり、私たちを楽しませてくれる。また、産地や銘柄ごとに歴史があり、独特の名称が付けられていることも。ここではコーヒーの基礎知識をさらに深めてみましょう。

喫茶店の王道・定番銘柄について

喫茶店やコーヒー専門店のメニューにある様々なコーヒーの名前は、どこか想像力をかきたて、産地の景色を想起させるので、旅したような気分にさせられます。歴史や文化の香りも漂うコーヒーは奥深い飲み物です。

マンデリン

インドネシア産の高級コーヒー豆

スマトラ島北部のマンデリン族が栽培を進めてその名前が付いた。トロピカルな独特のフレーバーがあり苦味が強い。インドネシア産の数パーセントしか栽培されず、高級コーヒー豆として販売されている。

モカ

フルーティーな酸味と豊かな甘み

モカとはイエメンの古い港の名前。その昔、エチオピアとイエメン産のコーヒーを総称してモカと呼ぶようになった。伝統的なナチュラル精製が多く個性的な風味が特徴。

キリマンジャロ

強い酸味と深みのあるコク

産地はアフリカのタンザニア。「キリマンジャロ」の名の由来はタンザニアとケニアの国境にまたがるキリマンジャロ山脈による。酸味、コクが強く、甘い香りが特徴。

ブラジル・サントス

程良い苦味とナッティな香り

コーヒー大国ブラジル産のコーヒー。味や香りのバランスが良いので「スタンダード」とされる。酸味は柔らかめでナッツやチョコレートのような甘い香り。サントス港から積荷される NO.2 が定番中の定番。

グアテマラ SHB

複雑な香りと強いコク
ブレンドによく使用される

酸味はやや強く、花のような芳しい香りで、他のコーヒー豆とブレンドしやすい。火山性の肥沃な土壌でほとんどがウォッシュト方式の精製処理で仕上げられる。

ハワイコナ

ホワイトハウス御用達の高級コーヒー

ハワイ島のコナ地区で栽培されるコーヒーの名品。世界的に稀な先進国での栽培により品質が安定していたが、近年はさび病の影響で収穫量、品質共に低下していた。

ブルーマウンテン

香りが良く「コーヒーの王様」と呼ばれる

ジャマイカ、ブルーマウンテン山脈の標高800 ～ 1200 mのエリアのみで収穫される。国の厳しい管理基準があり良質なコーヒー豆を栽培。日本への輸出が 8 割を占める。近年ではハリケーンの影響でさらに希少。

エメラルドマウンテン

クセの少ないマイルドコーヒーの代名詞

コロンビア国内には北部、中部、南部の 3 つの主要生産地があり、北部ではマイルドな酸味、南部では鮮やかな酸味の豆を収穫。その最高品質の銘柄がエメラルドマウンテンと呼ばれる。

モカ、マンデリン、キリマンジャロ、SHBってどういう意味?

これまでの日本のコーヒー業界は、世界中のコーヒーを様々な銘柄名でブランド化してきました。それらは、歴史や異国のロマンを感じさせる反面、異なる視点や定義付けが混在しており、消費者の正しい情報収集を妨げていた側面もありました。多種多様な銘柄名は、簡単に整理すると次のように分類することができます。

それぞれに成り立ちの背景や格付基準が異なりとても紛らわしいため、現代のスペシャルティコーヒーやシングルオリジン、サードウェーブなどと呼ばれる新しい概念では曖昧なブランド名は使わずに、国名・地域名・農園名・規格・サイズ・品種名・精製方法・収穫年度と順序立ててなるべく同じ情報を共有するようになってきています。コーヒー豆のプロファイル(詳細情報)から味わいが想像できるようになるとコーヒーの楽しみはさらに広がります。

エリア名
ブルーマウンテン、コナ
キリマンジャロなど

歴史由来
モカ、マンデリン
エメラルドマウンテンなど

サイズ
スプレモ(コロンビア)
No.1(ジャマイカ)、AA(ケニア他)

標高規格
SHB(グアテマラ他)
SHG(メキシコ他)

欠点規格
G1(エチオピア他)
No.2(ブラジル)

コーヒーの産地と主要な銘柄

コーヒー豆は気象条件や土壌、品種、精製など様々な要因で香味特徴が変わります。まさに、その土地が持つ自然の力と生産者の創意工夫で作られた「テロワール」。コーヒーベルト（P92 参照）を中心とした地域ごとの特徴と、主要な銘柄をまとめてみましょう。

時代の最先端、中米

先進的な取り組みで
コーヒーシーンをリード

比較的新しい生産地として各国をあげてコーヒー産業の開発・発展に注力している。「ブルーマウンテン」や「クリスタルマウンテン」は昔から日本でファンの多い銘柄。近年は小規模農園での有機栽培志向の流れや、「パナマ・ゲイシャ」に代表される現代最先端を行く品種開発と精製技術の研究で、世界を驚かせ続けている。

コーヒーの故郷アフリカ

鮮やかな酸味と
力強いボディが特徴

主な生産国はコーヒーの故郷エチオピアを始め、ケニア、タンザニア、ルワンダなどだが、西アフリカではロブスタ種やリベリカ種の生産も盛ん。「モカ」や「キリマンジャロ」などは喫茶店の定番として知られてきたが、現在はスペシャルティコーヒーの世界でも注目される大きなポテンシャルを持った産地。

コーヒーは発展途上国の大きな収入源であり文化の象徴

世界各地で生産されているコーヒー。発展途上国の大きな収入源として、国ごとに個性豊かな味わいと魅力的な銘柄を生み出してきました。その栽培スタイルや製法は多様で、国や地域ごとの歴史や文化がそのおいしさのバックグラウンドとなっています。近年、インフラ開発や情報共有が急速に進み、それぞれの地域特性は様々な形で進化し始めています。昔ながらの味を守り続ける地域もあれば、異なる産地の製法を取り入れることでこれまでになかった新しい香味を生み出す取り組みも進んでいます。まさにコーヒーは世界の文化の今を映し出す象徴と言えるでしょう。

個性豊かなアジア、オセアニア

地域ごとに異なる独自の品種と精製方法

ハワイ、インドネシア、ベトナム、タイ、ミャンマー、インド、スリランカ、あまり知られていなくても実はコーヒーはアジア・太平洋地域の多くの国で栽培されている。近年は中国雲南省や台湾、さらに日本でも高品質なコーヒー栽培が注目を集めている。ハワイの「コナ」や、インドネシア産「マンデリン」は日本でもお馴染み。

世界最大の産地、南米

大規模プランテーション栽培が作った世界標準

生産量世界一のブラジルを始め、コロンビア、ペルー、ボリビアなどコーヒー生産規模の大きい地域。ベネズエラも今後のコーヒー再興が楽しみだ。明治期の移民政策から日本にブラジルコーヒーが大量供給された歴史もあり、私たちにもっとも馴染みの深い味わい。日系人の生産者も多く、伝統と先進が交差する注目の産地。

野生のコーヒーノキが茂る コーヒー伝説発祥の地

エチオピア

「モカ」で知られるエチオピアには野生のコーヒーが茂り、アラビカ種の原木も残されている。

アビシニア高原の野生アラビカ種の果実は太古より食用や薬用に使われており、その後寺院で焙煎や飲用が始まったと言われています。

紅海を挟んだイエメンでも古くから栽培が行われ、そこから積荷されるコーヒーは港の名前にちなんで「モカ」と呼ばれるようになりました。

昔ながらのナチュラル精製から洗練されたスペシャルティまで、幅広い顔を持つ魅惑の産地です。

人気の豆
ハラーBG　東部ハラー地区の標高 2000m で栽培した伝統的な在来種。
シダモ G1　シダモ地方で栽培。スパイシーな香りとまろやかな酸味が特徴。

美しく鮮烈な酸味で
世界中のコーヒーファンを魅了

ケニア

大規模農園も多く残っており、乾燥や日光に強い改良品種を栽培。

ケニアのコーヒーは、カシスやグレープフルーツ、時にはフルーツトマトなどを思わせる華やかな甘味と酸味が特徴。

栽培の歴史は１００年ほどと浅いですが、独自開発の品種とソーキングという独特な精製で生み出されるクリーンカップは浅煎りにも深煎りにも適していて、近年世界中から高く評価されています。

等級は粒の大きさで「ＡＡ」などと分類され、高品質なコーヒーを生産し続けています。

人気の豆 **SL 28 SL 34** イギリスの植民地だったケニアの首都ナイロビにある「スコット農業研究所」で開発されたブルボン種の改良品種。鮮やかな酸味が特徴。

豊かな自然に恵まれた千の丘の国
ルワンダ

栽培にも精製にも理想的な高地で、クリーンなウォッシュトコーヒーが生み出される。

１９００年代初頭の植民地時代に始まったコーヒー栽培は、農家への指定作物制度などの国策で大きく成長しました。今でも小規模農家が多いのはその名残。

　１９９０年代の内戦でコーヒー産業も大打撃を受けましたが、その後「ルワンダの奇跡」と呼ばれる復興に合わせてコーヒーの品質も飛躍的に向上。肥沃な火山性土壌や豊富な雨量、高地栽培など理想的な栽培環境で、有機栽培やスペシャルティコーヒー産地としても有名です。

人気の豆

アバトゥンジ　花や草木のような自然の香りと落ち着いた酸味。

ミビリジ　西部の村から広がったグアテマラ由来のユニークな品種。

銘品「キリマンジャロ」で有名な定番産地 タンザニア

近年、小規模生産者組合によるCPU（共同精製処理場）が各地にでき、品質が向上した。

１８９０年頃にレユニオン島（旧ブルボン島）から純粋なブルボン種が持ち込まれ生産が拡大しました。アフリカ最高峰キリマンジャロ（標高５８９５ｍ）がそびえ立ち、ほとんどの国土が標高約１０００ｍの高地のためコーヒー栽培に最適な場所。「キリマンジャロ」の名称でブランド化され、特に日本国内で高い人気を誇ります。喫茶店では、爽やかな酸味の浅煎り「キリマン」と区別して、強いコクの深煎りは「深タン」などと呼ばれることも。

人気の豆 **キボースノートップ**　AA規格からさらに厳選され、力強い酸味と甘い香りが特徴。キリマンジャロ山のイメージから名付けられた。

複数の火山に囲まれ力強く複雑な香味を持つ グアテマラ

小規模農家が集まり組合を作ることで、環境保護や生産性向上への取り組みも進んでいる。

コーヒー栽培は1850年頃から広く普及しましたが、たび重なる政情不安に農園は翻弄されました。

しかし近年の品質向上は著しく、アンティグアを始めとする8つのエリアはスペシャルティシーンを牽引するまでに成長。いくつもの火山に囲まれた希有な土壌が生み出す味わいは力強く複雑。

自ら精製まで行う小規模生産者も多く、品質の高いユニークな香味が生まれています。

人気の豆

アンティグア アゾテア　標高 1600m にあり浅煎りから深煎りまで耐えうる高品質コーヒーを生産。

エルインヘルト　ウェウェテナンゴ地区の有名農園。パカマラ種の栽培や様々な精製に取り組む。

世界をリードする
スペシャルティコーヒー先進国

コスタリカ

エコツーリズムの長い歴史を持ち、豊かな自然の中にあるコーヒー農園ツアーも人気。

スペインから独立した1821年に各自治体でコーヒーの種を無料配布し、その4年後に国がコーヒーの税金を免除することで農園は増え、国の重要な産業に発展しました。

1988年にはアラビカ種以外のコーヒー豆の生産を禁止する法律を制定。環境保全先進国でもあるコスタリカでは、生産されるコーヒーの大半がスペシャルティコーヒー。クリーンカップで豊かなフレーバーを持つものが多く、高級感が漂います。

人気の豆　**カンデリージャ**　「鳥と森林の聖地」として名高いタラス地区で120年の歴史を誇る名門農園の豆。

生産量世界3位
マイルドコーヒーの代名詞
コロンビア

北部の農園では有機栽培への取り組みが多く、手摘みでの収穫が行われている。

１７３０年頃には苗が入っていたものの、本格的な生産には出遅れたコロンビア。そのため、当初からブラジルのような大量生産ではなく高品質生産を意識し、20世紀に入り急速にコーヒー産業が発展しました。

　国土の約半分がアンデス山脈の山岳地帯で、多くはその斜面で栽培されており、南部から北部まで地域ごとに風味特性が異なります。コロンビアの生産量はブラジル、ベトナムに次いで世界３位。

人気の豆

エメラルドマウンテン　現地で産出されるエメラルド原石にちなんで名付けられた高品質豆。

ラ・プラデーラ　中北部サンタンデールの先進的農園。マイルドで豊かなフレーバーと豊富な品種が魅力。

ブルーマウンテンの生産地

ジャマイカ

決まった時間に山に降りてくる霧のカーテンが強い日差しを遮り、ゆっくりとおいしさを育む。

１７２８年にイギリスの総督がコーヒーの苗を持ち込みキングストンの丘陵に植えたのがルーツとされ、ハイチ革命難民によって栽培が本格化。一時、生産は衰退しましたが１９４８年にＣＩＢ（コーヒー産業公社）が設立され、高級銘柄「ブルーマウンテン」が安定生産されるようになります。その後、英国王室御用達や木樽のイメージが日本でブームになり、今でも日本が生産量の約80％を輸入し続けています。すっきりと上品でクセのない味わいが特徴。

人気の豆　**ブルーマウンテン**　ブルーマウンテン山脈の 800~1200m で生産される。大粒の最高等級が No.1 と呼ばれ、希少性が高い。

高品質な「ゲイシャ」生産で世界中から注目の的
パナマ

最先端の精製設備によって多様なフレーバーをコントロールするスペシャルティコーヒー農園。

コスタリカ国境にほど近いボケテ地区で始まったパナマコーヒーの歴史は中南米では比較的遅く、19世紀末。しかし太平洋とカリブ海という2つの海を持ち、バル火山の肥沃な土壌に恵まれた山岳地帯という理想的な環境を生かし、劇的に品質を上げてきました。

特に北欧系の移民生産者が多いのも特徴で、近代的な理論に基づいた研究の末、2004年に世界を震撼させる「ゲイシャ種」がデビューしました。

人気の豆

エスメラルダ　エチオピア由来の古来種ゲイシャで脚光を浴びた超名門農園。
ジャンソン　バル火山の西側に位置し独自テロワールを持つ。

生産量世界一のコーヒー大国

ブラジル

ブラジルは世界一のコーヒー大国。豊富な品種の中でも「ブルボン」が知名度一番。

１７２７年にフランス領から苗木が持ち込まれ、欧米への大きな供給源として発展。明治大正期の移民政策で海を渡った日本人生産者たちの功績も大きなものでした。比較的標高は低く、平坦で広大なプランテーション農園が特徴的です。品種はブルボンやムンドノーボなど、精製はナチュラルとパルプトナチュラルが主流でしたが、近年は、新たな香味を生み出す研究開発が盛んです。コーヒー生産量は世界一を誇っています。

人気の豆

サントス No.2/ S18　サントス港へ集めた生豆の中で最高等級No.2 の大粒豆は定番中の定番。
プレミアムショコラ　カカオのようななめらかな甘味とナッティな香ばしさがクセになる。

有機栽培文化が根強い
天空のコーヒー産地
ペルー

高山地帯での昼夜の寒暖差によりコーヒーチェリーがゆっくりと熟すため、豊かな甘みが育まれる。

周辺諸国と同じく1750年頃にコーヒーが持ち込まれましたが、栽培開始から約100年はそのほとんどが国内消費でした。ヨーロッパに輸出するようになったのは19世紀末のこと。

ペルーのコーヒーは地形的要因から有機栽培のものが多く、一般的に雑味がなく平坦な味ですが、じっくりと深煎りにした際に出る、濃密な甘味となめらかなコクは「素晴らしい」のひとこと。ティピカ種のコーヒーが多く栽培されています。

人気の豆

モンターニャ　ベロニカ　マチュピチュのさらに奥にある険しい山で栽培。香り高くファンが多い銘柄。

チャンチャマイヨ　ティピカ100%、無農薬、手摘みで丁寧に作られる上質な香りと濃厚なコク。

島ごとに異なる顔を持つ個性的香味の宝庫
インドネシア

独特なスマトラ式精製のコーヒーは、強いボディとスパイシーでトロピカルなフレーバーを持つ。

島ごとに様々なコーヒーが作られるインドネシアの栽培史は17世紀末と古く、かつて世界最大生産量を誇っていました。

その後、１９００年前後に蔓延したさび病で絶滅の危機に瀕し、多くは病害耐性のあるロブスタ種やリベリカ種に植え替えられました。その中でもスマトラ島のマンデリン族が守り抜いた在来種の伝統栽培が奇跡の復活をとげ、現在世界中で銘品「マンデリン」として知られています。

人気の豆

島や地域ごとに様々な製法や品種があり、異なる魅力を持つ。

- **スマトラ島**　マンデリントバ湖、ガヨマウンテン
- **スラウェシ島**　トラジャカロシ
- **バリ島**　キンタマーニ高原
- **ジャワ島**　ジャバロブスタ WIB-1
- **各地**　コピルアック

コーヒー栽培の北限と言われる新興生産国
ネパール

ヒマラヤ山脈の急峻な斜面を拓き、大規模な機械を使わずに手作業での有機栽培を行う。

ネパールのコーヒー栽培は1988年頃ミャンマーから持ち込まれた苗木に始まり、国王の勧めもあり近年栽培が広がりました。

800m以上の高地にこだわり、ヒマラヤ山脈の冷涼な気候で有機栽培が行われ、美しい香味のコーヒーが生まれます。日本をはじめ海外への輸出が本格化し、コアな愛飲家も多数。またコーヒー栽培による経済的発展と教育環境の整備を目指し、NGOなどの活動も活発です。

人気の豆

ヒマラヤンアラビカ 「アジアンコーヒーの宝石」と呼ばれ、さわやかな苦味とやわらかな甘味を持つ。

エベレストコーヒー ネパールコーヒー栽培の先駆け。農薬を使わない自然なコーヒーを生産。

世界2位の生産量を誇る
アジアのコーヒー大国

ベトナム

高品質アラビカを育てるランビエン高原。コーヒー畑の中にある小屋で現代的エスプレッソを楽しむ。

17世紀末に宣教師によりコーヒーの苗が持ち込まれ、フランス植民地時代の１９００年頃から栽培が本格化。もともとはアラビカ種を栽培していましたが、低地栽培に向き生産効率の高いロブスタ種の大規模栽培が広がり、その強い苦味を打ち消す工夫とフランスのカフェオレ文化が合わさり練乳入りのベトナムコーヒーが誕生しました。その後フランスからの独立やベトナム戦争の激動の時代を経て、勤勉なベトナム人の努力が実り、世界2位の生産国に。その90％以上がロブスタ種ですが、一部の農園では高品質アラビカ種も作られています。

人気の豆

エバーグリーン S18
高原地帯ダラットの高品質アラビカ。大粒でハーブのような酸味が特徴。

幻のブルボンポワントゥが残るリゾートアイランド
ニューカレドニア

1930年代の全盛期を経て戦後コーヒー栽培は一時衰退するが、奇跡的に発見された幻の高級豆が人気に。

フランス領のニューカレドニアには1860年頃にレユニオン島（旧ブルボン島）より高品質なアラビカ種が持ち込まれ1930年代にかけて栽培が拡大しますが、戦争や災害などの影響で急激に衰退。また、さび病の流行によりアラビカ種はほぼ絶滅し多くがロブスタ種に植え変わります。しかし、1997年に奇跡的に生き残っていたかつての希少アラビカ種「ブルボンポワントゥ」が発見され、世界のコーヒー愛好家から注目を集めました。

人気の豆

イダ・マーク　幻の「ブルボンポワントゥ」を近年再発見し一躍有名に。この品種は「ルロワ」や「ラウリナ」とも呼ばれ豆の形状が特徴的。生産性は低いが風味絶佳と言われる希少高級コーヒー。

伝統の「コナ」、近年注目の「カウ」

ハワイ

ハワイは観光だけではなく、コーヒー栽培でも有名。伝統の「コナ」が逸品。

人気の豆

コナ

上品な甘さとすっきりとした酸味。ホワイトハウス御用達とされ、日本での人気が高い。

カウ

芳醇な香りと、フルーティーな甘味。大粒の最高等級はコナと同じく「エクストラファンシー」と呼ばれる。

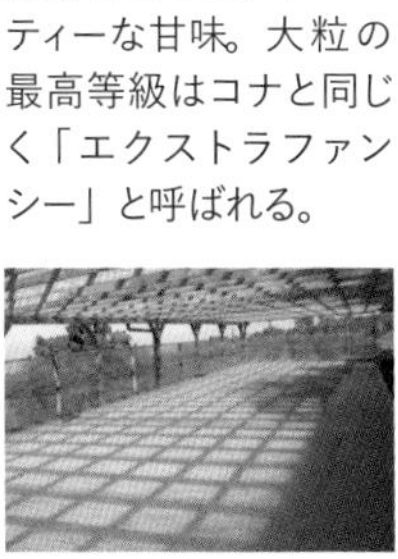

１８１３年スペイン人によって苗が持ち込まれたものの定着はせず、その後カメハメハ２世の英国訪問に随行したオアフ島総督がブラジルから数本の苗を持ち帰ったと言われています。１８２８年にはハワイ島に植えられ、豊かな火山性土壌が風味豊かなコーヒーを生み出しました。特に１９００年以降のコナ地区での日系移民による栽培は大きな成功を収め、アメリカをはじめ世界中で愛飲されました。しかし、この数年さび病の被害でコナ地区は大幅減産し、カウやヒロなど各地の生産にも期待が高まっています。

コーヒーの繊細な「味」を表現
フレーバーホイール

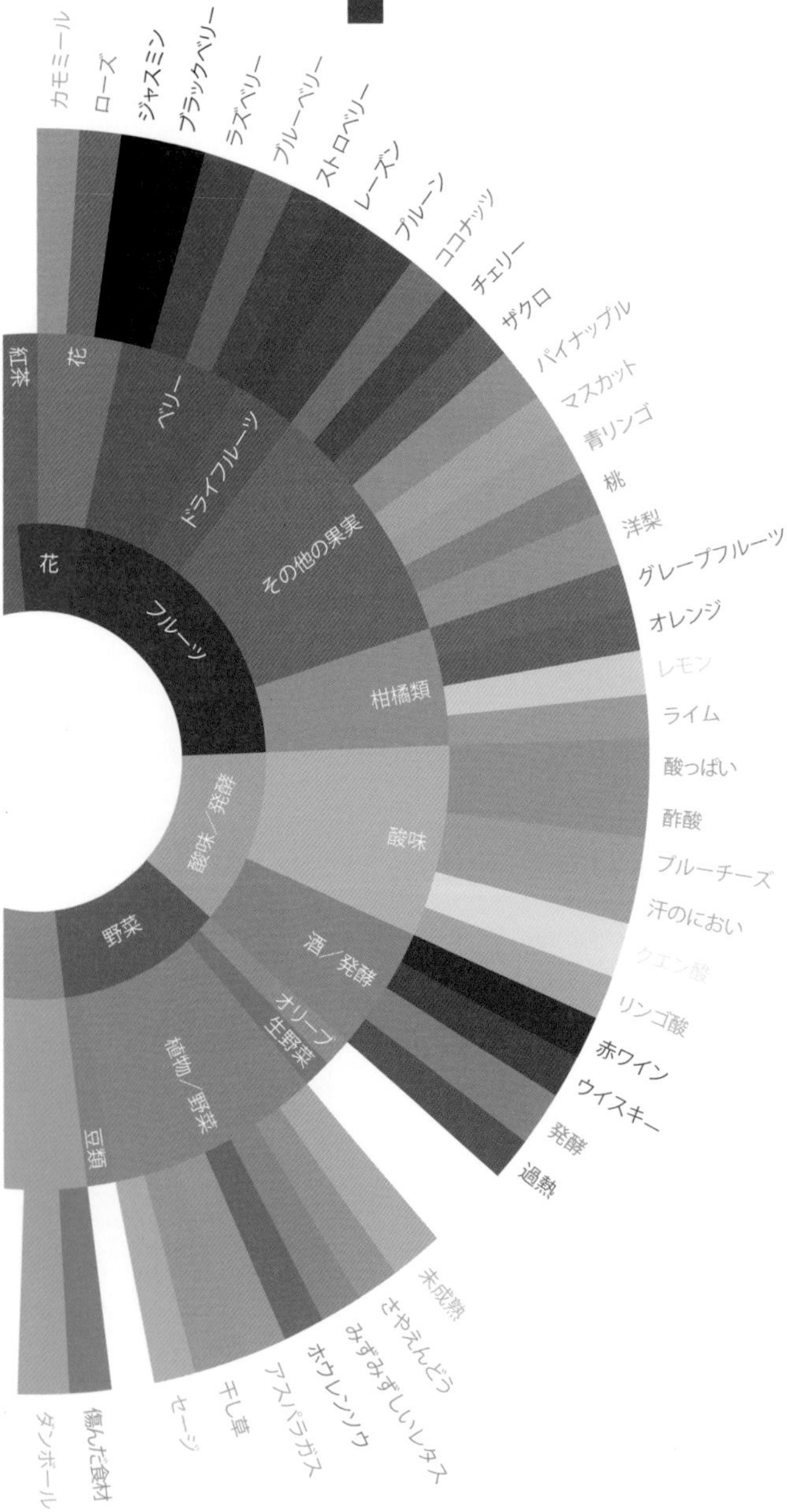

コーヒーの酸味、苦味、コク、香りなど全体的な「味」の印象を表現し、フレーバータイプを分類したグラフがSCAA※（現SCA）による「フレーバーホイール」です。主観的にコーヒーを表現するのではなく、客観的にフレーバーを表現し共有するために、カッピングをする際にこのグラフの表現が積極的に引用されます。さらに2017年には「フレーバーツリー」が発表され、コーヒーの味の複雑さを表しています。科学的な視点も必要ですが、同時に感覚で味を捉え、他者に伝えることも大切です。

（＊英単語翻訳・著者）

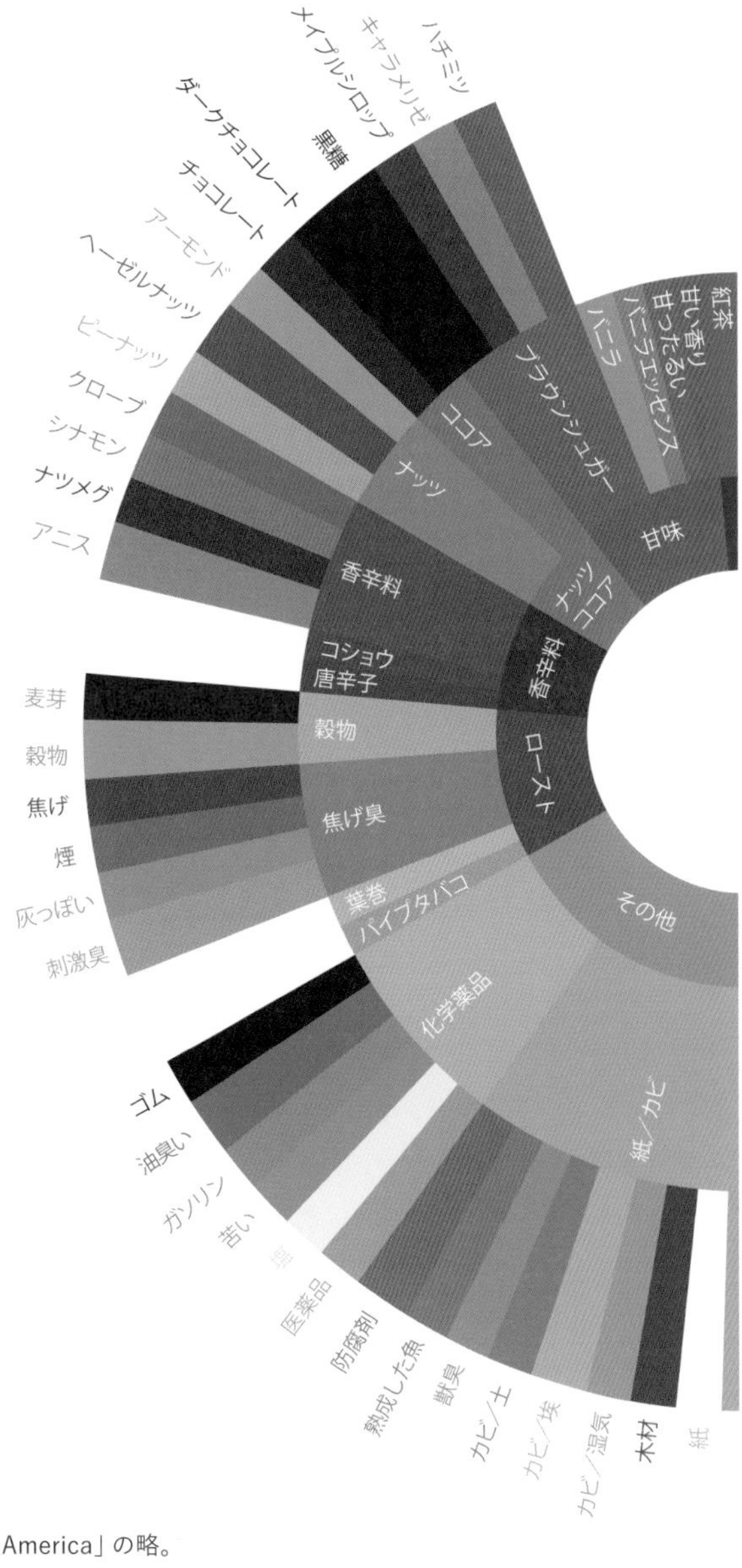

※「Specialty Coffee Association of America」の略。

スペシャルティコーヒーとは

従来のコーヒーの評価は標高や豆の大きさ、欠点豆の多さなど、生産者側から外見による格付けが行われていました。そこにコーヒーの「味」を官能的に判断する「カッピング（テイスティング）」を加え、消費者目線での評価を反映させたものが「スペシャルティコーヒー」と呼ばれています。

1　フレグランス・アロマ
お湯を注ぐ前と後の香り

2　フレーバー
風味の印象と強さを評価

3　酸味
さわやかな酸味の質と強度

4　ボディ
口当たりや口の中に残るコク

5　後味
口や鼻腔に残る
コーヒーの余韻

6　甘さ
甘味があるかどうかの判断

7　均一性
カッピングする５杯の均一性

8　バランス
味の構築
バランスが整っているか

9　クリーンカップ
欠点豆による濁りの有無

10　総合
全体を通しての感想、印象

2000年ごろから日本でも「スペシャルティコーヒー」が台頭

　1978年にフランスで開催された世界コーヒー会議で、「スペシャルティコーヒー」という言葉が初めて使われました。それまでは「プレミアムコーヒー」が最高級品とされていましたが、生産者側からの格付けにすぎなかったため、飲む側の評価をプラスして客観的に格付け。1982年にアメリカスペシャルティコーヒー協会（SCAA）が設立されました。

　加点式の官能検査が特徴ですが、味の評価のみにとどまらず「フロムシードトゥカップ（種子からカップまで）」や「トレサビリティ」「サスティナビリティ」の概念を基軸に、消費者への啓蒙と生産者へのフィードバックを兼ねています。

スペシャルティコーヒーの特徴（定義）

「スペシャルティコーヒー」として認められるためには、右ページにある10項目を各10点満点で評価し、80点以上を得る必要があります。この定義を数値化したことで「スペシャルティコーヒー」の信頼度、信用度がグッとアップしました。

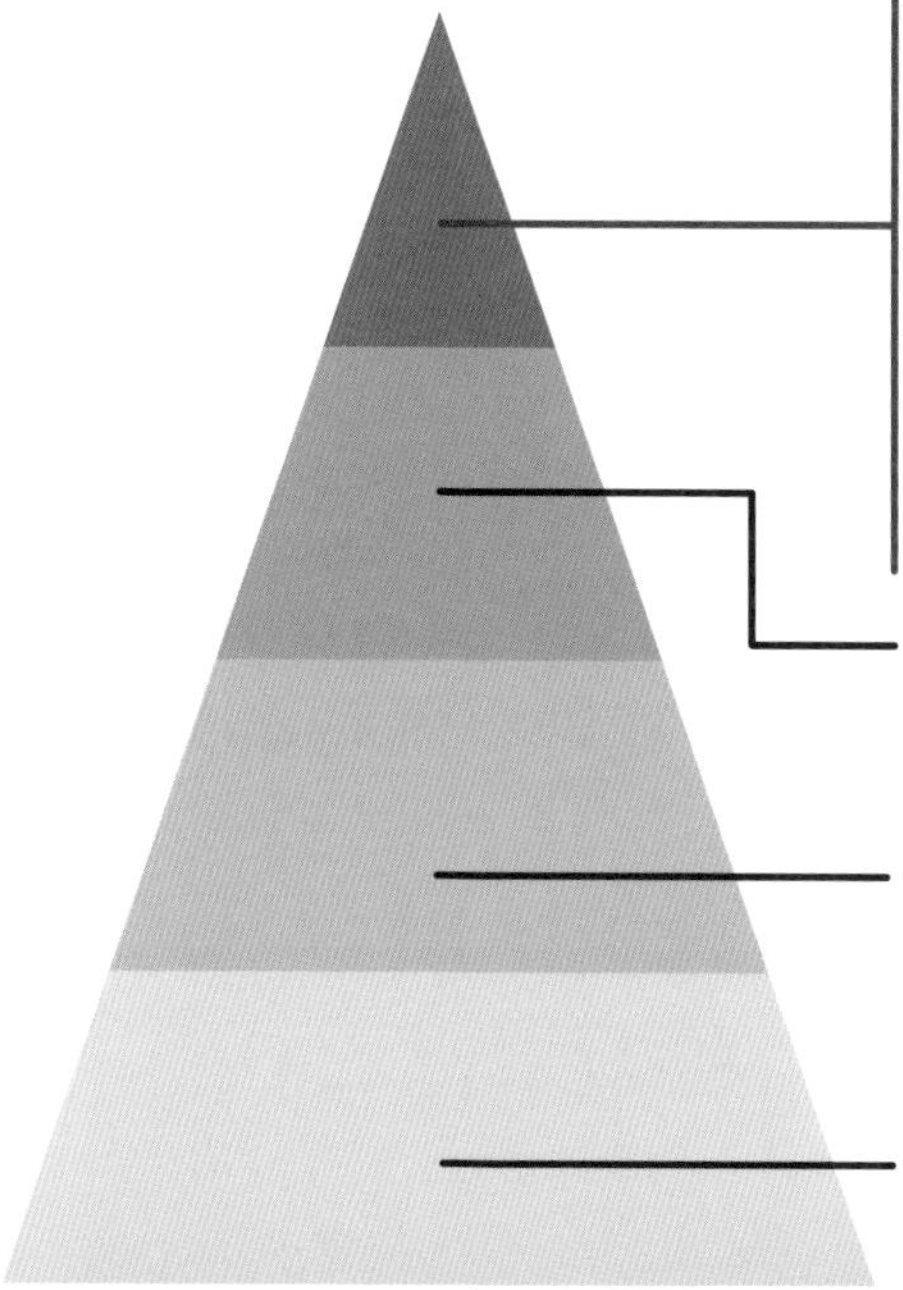

スペシャルティコーヒー
ＳＣＡＡのカッピングで８０点以上の評価を得たもの。

９０点以上
産地特性が明確に現れ、香味特性も高く希少なコーヒー。トップオブトップなどと呼ばれる。

８５～８９点
産地の特徴など個性的なコーヒー。

８０～８４点。
欠点のないコーヒー。生産国の特徴がはっきりしているコーヒー。

プレミアムコーヒー
地域特性のあるコーヒー。少量の欠点豆混入が見受けられるが、ニューヨークの相場より高い値段。

コモディティコーヒー（コマーシャルコーヒー）
ニューヨークの相場程度の豆。グアテマラSHB、コロンビアSUP、ブラジルNO.2など。

ローグレードコーヒー
安いレギュラーコーヒーなどに使用される豆。欠点豆を多く含む。

スペシャルティコーヒーの価格の決め方

C

SCA（スペシャルティコーヒー協会）が認めたカッパー（Qグレーダー）が評価し、取引業者が独自に価格を提示。

B

原産国が輸出前に独自で行うオークションで、入札によって価格が決まる。

A

カップ・オブ・エクセレンスを通じた、世界中のコーヒー業者が参加できるオークションで入札し価格を決める。

サスティナブルな取り組み、様々な認証

コーヒー豆は相場で価格が変動する不安定な商品です。おいしいコーヒーを飲むには生産者や環境を守らなければならない、という発想から生まれたのがサスティナブル（持続可能性）運動です。

様々な認証

農薬、化学肥料などを使わないコーヒー

オーガニック JAS 認証

指定された農薬、除草剤、合成物質、科学肥料を使用しないで栽培されるコーヒー豆。コーヒーに限らず、上記の条件で生産される食品は少しずつ消費者の理解を得て増えつつある。特に近年コーヒー業界のオーガニック志向は顕著であるようで、生産量も増えてる。だが、必ずしもオーガニック＝おいしい、とはならない部分が難しいところ。認証の理念は自然と調和のとれた方法で作物を生産し、土壌の質を高めること。

安全性、環境、生産者支援の3つの柱

サスティナブルな取り組みにより、コーヒーの安定した生産と消費にそれぞれ認証を与えています。オーガニックは生産段階の厳しい規則で、バードフレンドリーは自然環境の規則。そしてフェアトレードによる価格安定と、この3つを認証することで安定した需要と供給のバランスを保つことを目指しています。この他にも「レインフォレストアライアンス認証」など、様々なものがありますが、中でも一番困難なのは相場、価格が高低する状況下でのフェアトレードです。有機、自然保護下での栽培には大きな予算と尽力が必要で、価格の安定をスムーズに進める努力は国規模にまで及びます。

小農家に最低買付け金額保証

フェアトレード認証

生産者の生活安定と同時に品質の向上を目指す運動を「フェアトレード」という。コーヒー生産者は小規模なところが多く、頻繁に相場による価格変動が起きると生産者の生活が成り立たず、品質にも影響を与える。そこで、最低買付け金額を保証することにより、長期的な成長を促す。この「国際フェアトレード認証ラベル」は、コーヒー以外にも多くの作物に付けられている。

渡り鳥の保護にも貢献

バードフレンドリー認証

直射日光に弱いコーヒーノキのために、日陰を作る様々な「シェードツリー」。その木々に渡り鳥が飛来することから「バードフレンドリー」と言われる。条件は農場に最低 10 種は自生樹木があることや、農地の 40%が日陰に覆われていること、かつ有機栽培を行っていること。コスタリカなど、中米を中心に自然との共生を目指す多くの農園が認証を受けている。

サードウェーブコーヒーとは

近年、世界のコーヒーシーンはアメリカから始まった「サードウェーブ」と呼ばれる浅煎りコーヒーのムーブメントが席巻。コーヒーの長い歴史の中でも、この100年を振り返ると様々なコーヒーのスタイルがブームになっていたことがわかります。

サードウェーブ

深煎りエスプレッソとの差別化で、1杯どりの浅煎りハンドドリップが注目される。マイクロロースターやダイレクトトレードがトレンドに。

セカンドウェーブ

品質低下の反動で品質にこだわったコーヒーへの需要が高まり、シアトル系と呼ばれるカフェが深煎りのエスプレッソでアレンジドリンクを販売。

ファーストウェーブ

流通発達により世界規模で爆発的にコーヒーが広がった高度成長期。大量生産、大量消費により品質低下や環境破壊が顕著になる。

コーヒー業界の三つの波が「おいしいコーヒー」を身近に

「サードウェーブ」とはコーヒー業界の生産、流通、販売の流れの第三の波という意味。19世紀末から１９６０年代までの長い間、コーヒー業界は世界規模で大きく成長。しかし、消費拡大は商品の質の低下を招きました。この時期が「ファーストウェーブ」。そして「おいしいコーヒーをみんなに飲んでもらいたい」とシアトルの若者が集まり１９７１年にスターバックスが登場、世界的なコーヒーチェーン店に成長しました。この時期が「セカンドウェーブ」。さらに、２０００年代に個人店でも産地とのダイレクトトレードができる時代になり「サードウェーブ」の夜明けになりました。

ファーストウェーブ

1900~1970 年頃

ヨーロッパの植民地で栽培されたコーヒー豆の流通が盛んになる。世界各国での大量消費、そして大量生産が始まる。

産業革命以降ヨーロッパを中心に進化してきた焙煎や抽出の技術は、1900年頃に一気に花開く。現代式のエスプレッソマシン、ペーパードリップなどが開発され、同時期にインスタントコーヒーの特許技術も誕生。アメリカを中心とした世界規模の経済発展と流通拡大に伴い、コーヒーも大量消費、大量生産に向かう。その結果、コーヒーの品質が大幅に低下し消費者のコーヒー離れが顕著に。生産環境への負荷も問題になる。

セカンドウェーブ

1970~2000 年頃

ファーストウェーブに不満を持つ層が、品質にこだわった深煎りエスプレッソコーヒーを支持。フェアトレードなど、産地と消費者との直接交流も始まる。

1960年代に生まれたシアトル系の元祖「ピーツコーヒー」から派生し、1971年にシアトルの若者たちが立ち上げた小さな店が世界最大のコーヒーチェーン店に成長した。それが「スターバックス」。彼らは生産地との直接の関係を深め買い付け額なども考慮、高品質の生豆を深煎りにしたこだわりのあるコーヒーを世界中に広め「大量生産、品質の低下」の壁を打ち破った。コーヒー業界の大きな変革期として位置付けられる。

サードウェーブ

2000 ～ 2020 年頃

スタバ時代への揺り返しとも言える浅煎りハンドドリップのブーム。北欧と日本の喫茶スタイルを取り入れ米西海岸から始まった。

2000年前後にアメリカで始まったブルーボトルやスタンプタウンなどの新しいムーブメント。インターネットの普及で小規模店でもスペシャルティコーヒーのダイレクトトレードが可能になったことや、大規模チェーンではできない個性的な顧客サービス、自家焙煎などが感度の高い消費者層の注目を集める。高品質の浅煎りコーヒーを飲む北欧の文化と、丁寧にコーヒーを抽出する日本の喫茶店スタイルが融合し、世界的に広がった。

フォースウェーブ

2020 年以降

社会構造の大きな変化やおうちコーヒー需要を背景に、よりコーヒーが多様化し消費者の身近に。自分好みのコーヒーを追求する時代。

2017年のネスレによるブルーボトル買収を機にサードウェーブやシングルオリジン神話は日常化。発酵精製技術の進歩による超高級コーヒーや、高品質100円コーヒー、そしてこだわりのおうちコーヒーブームなど、世界は劇的な変革期を迎えた。さらに、昨今の感染症による社会構造自体の再構築がもたらす新時代のコーヒー像はもうおぼろげに見え始めている。より多様化を極めるこれからのコーヒーシーンから目が離せない。

のおいしい関係

バッハがコーヒーを題材に作品を創り、ベートーヴェンは自分のためにコーヒー豆をハンドピックした。音楽史を彩る作曲家たちのみならず、世界の偉人たちを魅了したコーヒー。コーヒーのインスピレーションは、つねに新しい芸術を生み出しているに違いありません。

多くの芸術家を魅了した コーヒーは創造の糧

J・S・バッハが傑作コーヒーカンタータで"コーヒーを愛しすぎた娘"を描き、ベートーヴェンが自分の飲むコーヒー豆60粒のハンドピックに精を出していたかつてのヨーロッパ。ヴォルテール、バルザック、ヘミングウェイ、ゴッホ、ピカソ、どの時代にも多くの芸術家たちがコーヒーを愛し、その創造の糧としてきました。

眠気を払い集中力を高める作用は、古のアラビアから現在まで脈々と繋がっています。また当時のカフェは、文化人が集い互いに刺激を与え合う活気溢れるサロンでもありました。コーヒーは飲み物としてだけでなく副次的に周辺空間に多くのインスピレーションをもたらす存在でもあるんですね。

COLUMN of coffee & music

コーヒーと音楽

コーヒー豆は様々なバックグラウンドを持つ〝作品〟

現在、日本のコーヒーシーンを取り巻く状況はすでに激動の変革期に突入。急速に広がったスペシャルティムーブメントやシングルオリジン主義の台頭に加え、カフェ業態の多様化、価値観の変化など、数十年前とはまったく違った景色が広がっています。

様々なバックグラウンドを持つ「作品」としてのコーヒー豆を深く理解し、既成概念にとらわれず可能性を探ること。まるで、歴史の中で新しい和声を手にし、革新的な楽器に出会う度に進化を続けてきた音楽史と同じように、コーヒーの世界でも新しい芸術を生み出す準備はすでに整っているとも言えるでしょう。

音楽とコーヒーの関連図 1

様々な芸術領域の中でも特に音楽にはコーヒーとの共通点が多くあります。

①作曲家…生産者

②編曲家…焙煎師

③プロデューサー…ブレンダー

④演奏家…抽出師 / バリスタ

⑤楽器…抽出器具

⑥アンプ / スピーカー…コーヒーマシン

⑦ライブハウス / ホール…カフェ

音楽と
コーヒーの関連図 2

さらに例えるなら、音作りそのものも
まるで抽出レシピのよう。

イコライザ (EQ)……焙煎度
ゲイン (GAIN)……メッシュ / 粒度
コンプレッサー (COMP)……抽出温度
リバーブ (EFF)……抽出速度
音量 (FADER)……粉量 / 濃度

コーヒーは、それぞれのスタンスで、自由に楽しむ

芸術と言うと何やら堅苦しく身構えてしまう方もいるかもしれません。いわゆるクラシックだけではなく、ときにはサイケな後期ビートルズや自由奔放なボブ・ディラン、アフリカンドラムやウエストコーストジャズのような世界観を示すコーヒーの味だって有り得るのです。

一生を芸術に捧げる人もいれば、副業でフジロックに出るミュージシャンだって当たり前にいる時代。

琥珀色の液体にとり憑かれた生粋のコーヒーマニアも、最近のおうちコーヒーブームで目覚めた方も、それぞれのスタンスで、自由に楽しむ。それが何よりも大切なことだと思います。

Part.6

泰三流 コーヒーマリアージュ＆アレンジコーヒーレシピ

単独で飲むのもおいしいコーヒーですが、食べ物と合わせると相乗効果でさらにおいしさが広がります。また、コーヒーはアレンジすることで新しいドリンクへと進化していきます。ここでは泰三流コーヒーマリアージュとアレンジコーヒーのオリジナルレシピ、そして自分だけのブレンドコーヒーの作り方も紹介します。

コーヒーマリアージュ

マリアージュとは、「別のものが出会い、新しい価値を生み出す」という意味。主にワインと料理の相性を指しますが、私はコーヒーと料理、スイーツなどのマリアージュを追求しています。特に日本の和の美学にどうコーヒーを合わせるかなど、研究を重ねた末に生み出したベストなマリアージュを紹介します。

すっきりあっさり寄り添うパートナー

浅煎りシトラス系 **（主にウォッシュト）**	フルーツタルト、ムース、スコーン、 サンドウィッチ、バウムクーヘン

お互いのフレーバーをミックスしながら楽しむ

浅煎りベリー系 **（主にナチュラル）**	レモンの効いたベイクトチーズケーキ、フィナンシェ、 ブランデーケーキ、ブリーチーズ、ドライフルーツ

繊細な甘味や奥行きを大切に

中煎りバランス系	水羊羹、最中など小豆系和菓子、和食、 フレンチ、ボンボンショコラ

強い個性をダイナミックに支える

深煎りフルボディ系	ショートケーキなどクリーム系スイーツ、 濃厚なバニラアイスクリーム、 ジューシーな肉料理やオイル料理、イタリアン

コーヒーに合うスイーツ

洋菓子はもちろん、
和菓子にも合う
五感を愉しむコーヒーの世界

喫茶店などでケーキとコーヒーのセット、という組み合わせをよく見かけます。昔から洋菓子とコーヒーの親和性は高く、その相性の良さは誰もが知っています。特に濃厚な味わいのチョコレート系や、芳醇な香りの洋酒を使ったドライフルーツ系スイーツなど、コーヒーとの相性は抜群で「マリアージュ」と呼ぶにふさわしいもの。

洋菓子の場合、甘さが強いものには、苦味が強いコーヒーを、フルーツがメインのお菓子にはフルーティーな風味のコーヒーなど、フレーバーの特徴を合わせます。和菓子の場合はほうじ茶などに似た風味を持つ香ばしいコーヒーを合わせると良いでしょう。

泰三流 こんなマリアージュがおすすめ

ここでは具体的なフードメニューを例に、合わせるとさらにおいしくなるコーヒー豆の銘柄、焙煎度合い、淹れ方のタイプを紹介します。
淹れ方：すっきり味は P46、47 を参照。しっかり味は P48、49 を参照。

洋菓子編

ベイクトチーズケーキ	コスタリカハニー	ミディアムロースト	すっきり味
チョコレート	コロンビアウォッシュト	ハイロースト	すっきり味
シナモンロール	イエメンナチュラル	シティロースト	しっかり味
アイスクリーム	グアテマラウォッシュト	フレンチロースト	しっかり味
フルーツ＆ホイップクリームパンケーキ	エチオピアナチュラル	ミディアムロースト	すっきり味
レモンケーキ	ジャマイカウォッシュト	ミディアムロースト	すっきり味

和菓子編

くず切り	エルサルバドルハニー	シティロースト	すっきり味
羊羹	パナマゲイシャナチュラル	シティロースト	すっきり味
栗まんじゅう	ボリビアナチュラル	ミディアムロースト	しっかり味
みたらし団子	ペルーウォッシュト	フレンチロースト	しっかり味
どら焼き	ブラジルナチュラル	シティロースト	しっかり味
大福	インドネシアマンデリン	フレンチロースト	すっきり味

食事編

ステーキ	ラオスウォッシュト	フレンチロースト	すっきり味
欧風カレーライス	キューバウォッシュト	シティロースト	すっきり味
寿司	ハワイウォッシュト	シティロースト	すっきり味
ざるそば	タンザニアウォッシュト	ミディアムロースト	しっかり味
サンドイッチ	ルワンダウォッシュト	ミディアムロースト	すっきり味
パスタポモドーロ	ケニアウォッシュト	フレンチロースト	しっかり味

コーヒーに合う食事

ルールに縛られず好きなもので
オリジナルのマリアージュを発見

コーヒーは、ワインにくらべてマリアージュという概念はあまり聞きません。でも、コーヒーは一緒に食べるものによってお互いの味を補いながら変化し、さらにおいしくなります。トーストや目玉焼きの朝食にコーヒーは定番ですが、意外な組み合わせで新しい発見も。

たとえばチーズとコーヒー。浅煎りナチュラルをすっきり淹れてワインのようにグラスに入れて楽しめばおいしさも倍増。スパイスを使ったカレーやパスタなどの洋食、そばや寿司といった和食にもコーヒーは合います。食前、食中、そして食後と色々な食事に合わせてみれば、新しいマリアージュを発見できるかもしれません。

マイブレンドコーヒーを創る

コーヒーの楽しみ方が分かってきたら、次にチャレンジしたいのがマイブレンド。複数のコーヒー豆を組み合わせて作る、自分好みのブレンドコーヒーです。豆の産地やキャラクターを知り、その個性が映えるようにブレンドし、世界でひとつだけの新しい味を楽しみましょう。

コーヒー通はチャレンジするべし 組み合わせで広がるコーヒーの世界

ブレンドを作るために知っておきたい 4 つのポイントがあります。

1 豆のキャラクターを知る

ストレートで飲んだ印象から､｢甘味､苦味､酸味、香り、ボディ」をチェック。自分好みにするには何を足したらいいかの参考にしましょう。

2 味のベースを決める

どのような方向性かによって、ベースの在り方は変わります。左ページを参考に選びましょう。

3 味のポイントを決める

味のベースになるコーヒーをストレートで飲み、足りないと感じた味わいや、似ているタイプの豆をプラスしましょう。

4 合わせる豆は 3 種類から

最初は 3 種類の豆をブレンドするところから始めます。でき上がりの合計が 100g を目安に足し引き。以上を踏まえて、さあ、チャレンジしてみましょう！

タイプ別ブレンド作りのポイント

1 バランス系

まずベースにする豆を決めその上に積み木のように味を重ねる。ベースは比較的深めの焙煎で、ブラジルやコロンビアなどシンプルな味わいのものがおすすめ。ベースの上に乗せる豆は2〜4種類程度で、味の重心があまり高くならないように安定感を意識して構成する。

例：SPICY BLEND

2 ミックス系

同タイプのキャラクターを混ぜ合わせることで、複雑ながら一体感のある世界を構築。全ての豆に共通する何らかのフレーバーでまとめつつ、香りはあえて異なるタイプのものを組み合わせるとブレンドとしての奥行きが増す。3、4種類が作りやすい。

例：DARK CHOCOLATE BLEND

3 アバンギャルド系

常識にとらわれず相反するキャラクターを自由にミックス。2〜6種類程度を使用し新しい色彩を創造するクリエイティブなブレンド手法。ただし、浅煎り豆の持つ華やかで明るい香味は、深煎り豆のコクや苦味に隠されやすいため、それぞれの個性が同等に生きるようにパワーバランスを計算し、配合比率を調整する。

例：FRESH ICED BLEND

泰三ブレンドコーヒーレシピ

FRESH ICED BLEND

強さを求めがちな定番アイスコーヒーとは対極にある、みずみずしく爽やかな配合。ベランダにそよぐ風に目を閉じ、コーヒーフレーバーに乗ってしばしの異国トリップ。

- エチオピア・ウォッシュ／ミディアムロースト 30g
- ケニア／ハイロースト 20g
- コロンビア／シティロースト 30g
- グアテマラ／フルシティロースト 20g

DARK CHOCOLATE BLEND

ブラジルの中深煎りが生み出すカカオのような心地良い苦味と濃厚なコク。香ばしさの中にカシスのような妖艶な酸味が漂う、クラシックな奥行き。

- ブラジル／フルシティロースト 50g
- ラオス／フルシティロースト 20g
- ケニア／フレンチロースト 30g

SPICY BLEND

シナモンやクローブ、カルダモンを思わせるスパイシーな香りに、ほのかなトロピカルフルーツのニュアンス。すっきり味でもしっかり味でも楽しめる立体的なブレンド。

- エチオピア・ナチュラル／ハイロースト 30g
- グァテマラ／シティロースト 30g
- コロンビア／フルシティロースト40g

斬新なアレンジから有名店の再現まで

アレンジコーヒーレシピ

カフェでおなじみのコーヒードリンク。ひと手間加えるだけで、自宅でも簡単に作ることができます。お気に入りのカップやグラスに注いでおうちカフェを楽しみましょう。

クラシックカフェオレ

深煎りデミタスコーヒーとミルクパンでほのかに煮詰めたミルクが生み出す、濃密な甘味のハーモニーが楽しめる伝統的なフランス式レシピ。

材料　1杯分

デミタスコーヒー　70ml
（深煎り / 細挽き /15g）
牛乳　70ml

作り方

1. コーヒーを高温低速抽出で淹れる。
2. 牛乳をミルクパンに入れ弱火で 65°Cまでじっくり加温する。
3. 温めておいたカップに1と2を注ぎ入れる。

★ 5:5 で合わせるのがクラシックスタイル

ブエナビスタアイリッシュコーヒー

世界一多くのアイリッシュコーヒーを出すサンフランシスコの老舗「ブエナビスタ」の王道レシピを再現。

材料　1杯分

コーヒーシュガー　小さじ1
深煎りのホットコーヒー 130ml
アイリッシュウイスキー
（タラモアデュー）　30ml
ホイップクリーム
（ほんのり甘め）　大さじ2

作り方

1. グラスにコーヒーシュガーを入れる。
2. 上から深煎りの熱いホットコーヒーを注ぐ。
3. アイリッシュウイスキーを加え、静かにホイップクリームを浮かべる。

★ 混ぜずに冷たいクリーム越しの熱いコーヒーを味わいつつ、少しずつ溶けてくるシュガーがもたらす味の変化を楽しむ。

コーヒー&カスカラコールドブリュー

コーヒーチェリー本来の豊かな風味を存分に味わう、究極の新時代ブレンドコーヒー。やわらかく香る甘味と酸味がクセになる。

材料　1杯分

コーヒー粉
（ナチュラル精製）　12g
カスカラ※　10g
湯　30ml
水　300ml

作り方

1. ガラスのサーバーにコーヒー粉とカスカラを入れる。
2. 1に少量のお湯を注ぎ入れ、スプーンで攪拌し1分程度置く。
3. 水を注ぎ、4分間置く。
4. 目の細かい茶こしなどでゆっくりとこし、ワイングラスに注ぐ。

※コーヒーチェリーの果肉や皮を乾燥させたもの。コーヒー生産国などではコーヒーチェリーティーやギシルコーヒーとして飲まれている。

アイスコーヒーソーダ

キレの良いアイスコーヒーがさらに極まる爽快な喉越し。ミントを浮かべてもGOOD。

材料　1杯分

アイスコーヒー
（深煎り濃い目／直接急冷法）　90ml
ソーダ　210ml

作り方

1. 氷を入れたグラスにアイスコーヒーを入れる。
2. アイスコーヒーの上にソーダを注ぎ入れる。

★アイスコーヒー3、ソーダ7のバランスがベスト。お好みでガムシロップなどを加える。

オレンジコーヒートニック

コーヒーが持つ良質な酸味のニュアンスを
オレンジの風味がさらに引き立てる
ポップなコーヒーカクテル。

材料　1杯分

オレンジリキュールまたは
オレンジジュース　20ml
トニックウォーター
100ml
アイスコーヒー　40ml
（浅煎り / 中挽き / 10g / 90°Cですっきり味ドリップ / 間接急冷法）
レモン（スライス）　1枚

作り方

1. 氷を入れたグラスにオレンジリキュールまたはオレンジジュースを注ぐ。
2. トニックウォーターを加える。
3. コーヒーを上から静かに注ぎ、レモンを飾る。

★フルーティーな浅煎りのコーヒー豆がおすすめ。

グラニータアイスコーヒー

コーヒー本来の爽やかな酸味を引き出し、
果実とスペシャルティコーヒーのマリアージュを楽しむ
新時代のフルーティーアイスコーヒー。

材料　1杯分

フルーティーなコーヒー
200ml
（浅煎り / 中挽き /20g/ 86度ですっきり味ドリップ）
フルーツジュースを凍らせたもの（コンビニなどで手に入る氷菓でもOK）
100g
フレッシュなローズマリー
1枝

作り方

1. グラスにフルーツジュースを凍らせたものを入れ、フルーティーなコーヒーを温かいまま注ぐ。
2. よく混ぜて急冷したら、ローズマリーを挿す。

★グレープフルーツジュースやマスカットジュースなどがおすすめ。

岩崎 泰三 Taizo Iwasaki
東京都練馬区出身 / 国立音楽大学器楽学科卒 /CQI認定 Q グレーダー

音楽的感性に基づいた鋭敏な五感を生かし、一杯の特別な珈琲抽出から、大会場でのライブイベントまでジャンルを超えた多彩な活動を展開。かつて幻の名店と呼ばれ全国の珈琲通から絶大な支持を得た東京・銀座の珈琲専門店『銀六珈琲 時・・』店主として、雑誌・メディア取材多数。現在、国際珈琲鑑定士 / オールラウンドバリスタとして、生豆買付から焙煎・ブレンド・抽出・店舗プロデュース・セミナー開催・人材育成まで、全国各地で精力的に活動。また、東南アジアを始め、中南米、アフリカでの希少珈琲視察調査、北欧や韓国でのパフォーマンスなど海外公演も多数。

はじめてのおうちカフェ入門

自宅で楽しむこだわりコーヒー

2021 年 10 月 31 日　初版第 1 刷発行
2023 年　4 月 28 日　初版第 4 刷発行

Staff
装丁・デザイン　アガタ・レイ
（56Hope Road Studio）
イラストレーション　小板橋徹
撮影　大木慎太郎
スタイリング　South Point
編集・構成　成田すず江、藤沢せりか
（株式会社テンカウント）、
成田泉（有限会社ラップ）
企画・編集　島田修二（マイナビ出版）

著者　岩崎泰三

発行者　滝口直樹

発行所　株式会社マイナビ出版
〒 101-0003
東京都千代田区一ツ橋 2-6-3
一ツ橋ビル2F
TEL：0480-38-6872
（注文専用ダイヤル）
TEL：03-3556-2731（販売部）
TEL：03-3556-2735（編集部）
URL：https://book.mynavi.jp

印刷・製本　中央精版印刷株式会社

協力企業
株式会社キャメル珈琲
株式会社ケーアイ shop-origami@k-aijp.com
株式会社 三洋産業 0977-25-3464
株式会社ノンピ　03-5725-8905
株式会社 富士珈機 06-6568-0440
株式会社フレッシュロースター珈琲問屋　044-270-144
株式会社丸山珈琲 0267-26-5556
株式会社宮崎製作所　0256-64-2773
株式会社山善　0570-077-078
キーコーヒー株式会社　0120 － 192 － 008
珈琲サイフオン株式会社　03-3946-5481
ジャパンポーレックス株式会社　072-724-0250
成城石井　お客様相談室 0120-141-565
HARIO 株式会社 0120-398-207
メリタジャパン株式会社　0570-550267（お客様相談室）
有限会社 FBC インターナショナル　03-3436-2575
有限会社センチュリー・フレンド　Tel: 042-710-2172

撮影協力
森山珈琲 三宿焙煎所（Knot 三宿内）
https://knotmishuku.com
TCL ROASTING FACTORY
https://couro.co.jp/brand/

資料提供
GOOD COFFEE FARMS 株式会社（グアテマラ写真）
Dr.ONO(インドネシア写真）
島隆志（器材、人物写真）

参考文献
『田口譲の珈琲大全』ＮＨＫ出版
『ビジュアル スペシャルティコーヒー大事典』
日経ナショナルジオグラフィック社
『知識ゼロからのコーヒー入門』株式会社　幻冬舎
『たった一杯で、幸せになる珈琲』株式会社 KADOKAWA
『コーヒーの学校』株式会社　枻出版

ISBN978-4-8399-7757-3　C2077
Printed in Japan